Zacharias Heyes

DER KLEINE MÖNCH RÄUMT AUF

Die Geschichte des kleinen Mönchs
wird erzählt von Matthias E. Gahr

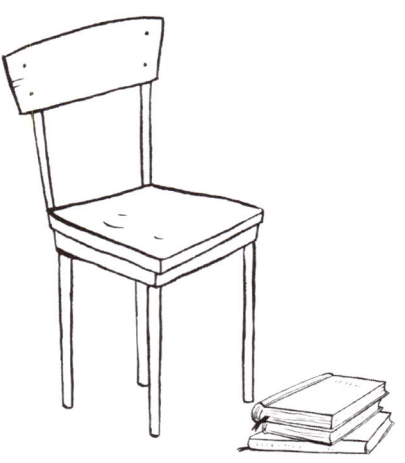

Zacharias Heyes

DER KLEINE MÖNCH RÄUMT AUF

Vier-Türme-Verlag

Über das Kloster auf dem sanften Hügel, in dem
der kleine Mönch lebte, war schon lange die Nacht
hereingebrochen. Die Lichter waren ausgegangen
und kühle Nachtluft umwehte den schlanken Glo-
ckenturm. Alle schliefen längst – nur der kleine
Mönch lag noch wach in seinem Bett. Immer wieder wälzte er sich von links nach rechts und fand
keinen Schlaf.

»Ich will ein Glas Wasser trinken, vielleicht wird es
dann besser«, sagte er zu sich selbst. Ohne Licht zu
machen streckte er die Beine aus dem Bett, stand
auf und setzte seine Schritte vorsichtig in die Dun-
kelheit.

»Autsch!« – sein nackter kleiner Zeh stieß an den Bücherstapel, den er gestern auf den Boden neben seinen Tisch gestellt hatte. Denn leider lagen so viele Dinge verstreut auf der Tischplatte, dass er dort keinen Platz mehr für die Bücher gefunden hatte.

Der kleine Mönch tastete nach der Stuhllehne, um sich nicht gleich wieder zu stoßen, machte einen Schritt und – »Autsch!« – trat auf etwas Kantiges: den Bleistiftspitzer, der wohl beim Wühlen auf dem Tisch heruntergefallen war.

Frustriert machte der kleine Mönch die nächsten Schritte zum Wasserhahn. Im Dunkeln tastete er nach dem Glas, das immer rechts am Waschbecken stand, und schubste dabei – »Plumps!« – die Rosenseife, die er sich auf dem Jahrmarkt gekauft hatte, vom Waschbeckenrand.

»Ich sollte wohl einmal aufräumen …«, stöhnte er leise. Er fand das Glas, schenkte sich ein und nahm drei kleine Schlucke. Er stellte das Glas ab – natürlich nicht, ohne dass die Zahnbürste dabei herunterfiel – und tapste vorsichtig zurück in sein Bett.

»Ich sollte wohl einmal aufräumen …«, sagte er noch einmal, und rieb sich den kleinen Zeh, der immer noch wehtat.

»Und morgen fange ich damit an!«

Der Vorsatz

In mir steigt sofort ein Bild auf, wie die Zelle des Kleinen Mönches ausgesehen haben mag – jeder freie Platz ist gefüllt mit einem Gegenstand, der eine Erinnerung birgt und ihm deshalb wichtig ist. Das kenne ich von mir. Erinnerungen an schöne Momente oder Urlaubstage, an wichtige Ereignisse und bedeutende Situationen im Leben möchte man bewahren. Und deshalb hängt man sich zum Beispiel ein Bild von diesem besonderen Moment an die Wand oder bringt aus einem schönen Urlaub in den Bergen einen Stein mit. So sammelt sich mit der Zeit in der Wohnung oder im Haus viel an. Bei mir zu Hause stehen heute noch Kisten im Keller, in denen unsortiert eine ganze Menge Fotos gesammelt sind – Erinnerungen an meine Jugend- und Studienzeit. Ich habe aber seit Jahren diese Bilder nicht mehr angeschaut. Jedes Mal, wenn ich im Urlaub bei meiner Mutter bin, werde ich liebevoll daran erinnert, doch endlich mal diese Kisten durchzuschauen, die Fotos zu sortieren und den Rest zu entsorgen. Und damit im Keller wieder Platz zu schaffen.

Bisher ist es jedoch bei dieser liebevollen Erinnerung geblieben. Denn wenn ich schon einmal dort bin und Urlaub habe, genieße ich viel lieber die freien Tage und verbringe sie mit schönen Dingen, anstatt aufzuräumen. Aber auch im alltäglichen Lebensumfeld erfahre ich, wie schwer es manchmal ist, aufzuräumen.

Ich erinnere mich an einen Menschen, der mich während meines Studiums auf meinem spirituellen Weg begleitet hat und den ich deswegen öfter besuchte. Jedes Mal, wenn ich seine Wohnung betrat, bewunderte ich die glasklare Ordnung. An keiner Stelle lag etwas Unnützes herum; Pflanzen schmückten die Wohnung und gaben ihr eine lebendige Atmosphäre. Bis heute habe ich immer wieder in meinen Räumen im Kloster – meinem Zimmer und dem Büro – Anläufe unternommen, eine solche glasklare Ordnung zu schaffen. Es ist mir nicht gelungen, immer wieder muss ich aufräumen und den Dingen ihren Platz geben. Entscheidend ist wohl, wie beim kleinen Mönch auch, der feste Vorsatz, wirklich Ordnung schaffen zu wollen.

Ich erinnere mich dann immer an die Momente, in denen mir das Aufräumen und Ordnung schaffen gelungen sind. Anschließend habe ich mich sehr wohl gefühlt – in meinem Wohnraum und in meiner Haut. So war es zum Beispiel, als ich nach meinem Studium meine erste eigene Wohnung bezogen und diese nach einer Weile zum ersten Mal alleine aufgeräumt und geputzt hatte. Ich hatte mir extra Zeit genommen, um alles Notwendige einzukaufen und dabei genau überlegt, welches Reinigungsmittel das beste und welcher Wischmopp der praktischste wäre. Dann legte ich los. Auslöser für dieses Aufräumen und Putzen war nicht nur, dass man eben eine Wohnung regelmäßig reinigen und sauber machen muss, sondern auch, dass ich spürte, meine Wohnung ist zu voll, es liegt zu viel herum und ich fühle mich damit unwohl. Es war zwar nie so extrem wie beim kleinen Mönch, der merkt, dass der Weg zum Wasserhahn durch all seinen Kram beinahe schon blockiert ist, aber es fehlte mir auch so etwas wie eine Grundordnung, die es mir ermöglicht, mit einem Blick zu sehen, wo ich etwas finden kann, um mit einem Handgriff die notwendigen Dinge aus dem Regal herausnehmen zu können – am besten noch blind.

Aufräumen hat aber nicht nur den Sinn, dass eine übersichtliche Ordnung entsteht, die praktisch ist. Vielmehr kann auch unsere Seele ganz anders atmen, wenn ein Zimmer, ein Raum, eine Wohnung aufgeräumt und geputzt ist, alles seinen Platz gefunden hat und nichts Überflüssiges herumliegt.

Ich erinnere mich dabei an mehrere Seminare im »Emotional Dance Process« (EDP), an denen ich teilnehmen durfte. Das ist eine Tanztherapie, bei der Prozesse und

Themen eines Menschen durch Tanz ausgedrückt und durchlebt werden. Die Leiterin dieser Seminare achtete stets sehr konsequent darauf, dass in den großen Tanzräumen, in denen die Kurse stattfanden, nichts herumlag – weder Handtaschen noch Wasserflaschen noch Sonstiges. Denn nur so hat die eigene Seele im Tanzprozess Raum zum Atmen, kann sie sich durch den Körper ausdrücken, wird nicht abgelenkt und erlebt so einen echten Frei-Raum.

Gleiches gilt, denke ich, für die eigenen Wohn- und Arbeitsräume. Ein Mitbruder erzählte mir, dass das Aufräumen und Sortieren seines Zimmers auch ihn selbst wieder in eine innere Ordnung bringt. Gerade wenn man in der Seele unaufgeräumt ist, keinen klaren Blick hat, kann ein ganz konkretes Aufräumen im Zimmer, in der Wohnung, im Haus die Seele ordnen, sie frei machen und wieder atmen lassen.

Und das wird der kleine Mönch sicher auch erleben, wenn er seinen Vorsatz, aufzuräumen, in die Tat umsetzt.

Zentrierung

Blicke ich in die benediktinische Tradition hinsichtlich Ordnung und Aufräumen, kommt mir der Orden der Zisterzienser in den Sinn, der sich aus dem Benedikt nerorden entwickelt hat. Er hat seinen Namen von seinem Ursprungsort Citeaux in Frankreich. Dort wurde 1098 das erste Zisterzienserkloster gegründet. Es wurde »Novum Monasterium« genannt – »neues Kloster«. Damit ist die Absicht benannt: Die Zisterzienser wollten klösterliches Leben neu und anders gestalten. In diesem Sinn verstanden sie sich als Reformbewegung des Benediktinerordens.

Solche Reformbewegungen gab es immer wieder in der Kirchengeschichte. Der Motor dieser Neuaufbrüche war meist eine länger anhaltende Unzufriedenheit. Man war nicht (mehr) einverstanden mit der Art und Weise, wie die ursprüngliche Regel des Ordens konkret gelebt und umgesetzt wurde. Manchmal lag der Grund auch darin, dass man sich nicht mehr an die ursprüngliche Regel hielt und sich zu sehr an den Zeitgeist angepasst hatte – in den Augen der Reformer. Diese waren nun ihrerseits beseelt von der Idee, zu der ursprünglichen Regel zurückzukehren. Im Fall des Zisterzienserordens bedeutete dies, dass die Gründer zu der ursprünglichen Einfachheit im klösterlichen Leben umkehren wollten. Vieles war ihnen zu ausschweifend und zu prunkvoll geworden. Zu dieser Einfachheit zählte auch und zählt bis heute, dass die Kirchen der Zisterzienser von einer starken Einfachheit, um nicht zu sagen Leere gekennzeichnet sind. Den einzigen Schmuck findet man jeweils an der Außenfassade auf dem Giebel: eine Figur der Mutter Jesu, Maria. Mit dieser Schlichtheit und Einfachheit sollte die Aufmerksamkeit der Mönche in ihren Gottesdiensten durch nichts abgelenkt werden und die Seele den Raum haben, sich ganz auf das Geschehen der Liturgie zu konzentrieren.

Wie gut eine solche Leere tut, erlebte ich in der Klosterkirche von Conques (Frankreich) auf meinem Pilgerweg nach Santiago de Compostela. Eine romanische Kirche in Reinform. Kein Schmuck, keine Verzierungen – pure Schlichtheit. Dazu eine atemberaubende Akustik. Als ich am Abend am Nachtgebet der Mönche teilnahm – heute leben hier Prämonstratenser – und diese am Ende der Gebetszeit das »Salve Regina«, ein Gruß an die Gottesmutter Maria, wie er in vielen Klöstern am Abend üblich ist, anstimmten, da füllte dieser Gesang die ganze große Kirche. In den Raum hinein entfaltete sich der Klang ihrer Stimmen. In einen solchen Klang kann man sozusagen versinken und die Welt um sich herum vergessen.

In dieser Welt sind wir jeden Tag unzählig vielen Sinneseindrücken ausgesetzt – nicht nur in der realen, sondern gerade auch in der digitalen Wirklichkeit. Da ist es in meiner Wahrnehmung gut und heilsam, in einem aufgeräumten Raum zur Ruhe zu kommen und abzuschalten. Es ist sicher nicht unbedingt nötig, dazu in eine Kirche zu gehen und auch nicht unbedingt, das »Salve Regina« zu singen, aber es hilft, wenn man in einem solchen Raum keine unnötigen Eindrücke bekommt, zum Beispiel durch das, was an Schmuck an den Wänden hängt, aber auch durch Dinge, die herumliegen und nicht sortiert sind. Ein leerer oder zumindest aufgeräumter Raum lässt dem Betrachter selbst Raum, macht den Geist frei, lässt den Blick zur Ruhe kommen.

Eine solche klare Zentrierung war auch die ursprüngliche Absicht des Ordensgründers Benedikt von Nursia. Es waren unruhige Zeiten, in denen er lebte. Als er 480 geboren wurde, war gerade der letzte römische Kaiser abgesetzt worden und das Römische Reich zerfiel immer mehr. Fremde Völker überschritten die Grenzen und nahmen das Land in Besitz, es war die Zeit der Völkerwanderung. Dieser Umbruch und diese Neuorientierung brachten Unsicherheiten, Instabilität, Unordnung mit sich. Als er in Rom sein Studium begann, erlebte Benedikt dort eine Gesellschaft, die er als dekadent empfand. Schon nach kurzer Zeit waren ihm der Sittenverfall und das ausschweifende Leben in der Stadt zuwider. In diesen wirren Zeiten wollte Benedikt für sich selbst und Gleichgesinnte eine Lebensordnung finden, die die Seele aufräumt, stabilisiert und frei atmen lässt. Wie das in der Praxis aussehen kann, schrieb er in seiner Klosterregel nieder: Sie gibt eine feste Struktur für ein gemeinsames Leben vor, lässt aber trotzdem jedem seinen individuellen Entfaltungsraum. Er wusste, dass eine klare Regel auch in der Seele eine klare Ordnung schafft.

Benedikt legt großen Wert darauf, dass im Kloster eine Ordnung herrscht, die alles Notwendige in einer Gemeinschaft regelt, aber eben auch Freiraum lässt. Zu dieser Ordnung gehört im Wesentlichen, dass alles, was man zum täglichen Leben braucht, vorhanden sein soll, aber gleichzeitig auch nicht mehr als das, was man unbedingt braucht. Das reduziert auf das Wesentliche und macht das, was man besitzt, deutlich kostbarer. Daher mahnt er seine Mönche, mit jedem Gegenstand, mit jeder Sache, die im Kloster vorhanden ist, achtsam umzugehen: »Alle Geräte und den ganzen Besitz des Klosters betrachte er (der Cellerar, der für den Besitz des Klosters zuständig ist; Anm. des Autors) als heiliges Altargerät« (RB 31,10). Altargerät in einem Kloster ist all das, was zur Feier des Gottesdienstes verwendet wird und dafür notwendig ist.

Alles in meinem Wohnraum Vorhandene wie heiliges Altargerät zu behandeln meint, sorgfältig und achtsam damit umzugehen. Deutlich wird das in unserer Sprache, wenn jemand von einer Sache, einem Gegenstand sagt: »Der ist mir heilig.« Jeder von uns hat solche Dinge. Bei mir ist es der erste Kinderschuh, den ich getragen habe, oder auch der Teddybär, den ich zu meiner Geburt geschenkt bekommen habe. An solche »Heiligtümer« lässt man kaum jemanden heran, da hat man ein Auge drauf, das wird gepflegt und behütet.

Wenn man allen Dingen, die man besitzt, mit einer solchen Achtsamkeit begegnen möchte, ist das nur möglich, wenn man den Überblick hat, was man tatsächlich hat. Habe ich das nicht oder habe ich einfach zu viel, kann es sein, dass ich nicht einmal weiß, wo sich was befindet und ich lange suchen muss, wenn ich etwas brauche. Achtsamer Umgang mit den Dingen würde bedeuten, sie nicht einfach achtlos in die Ecke zu werfen oder noch am letzten freien Platz in der Wohnung zu verstauen. Vielmehr meint es, jedem Ding seinen Platz zu geben – wo ich es bei Bedarf dann auch finde.

Ein achtsamer, würdigender Umgang mit meinem Besitz meint auch, dass ich immer wieder einmal meine Sachen in die Hand nehme und mich an ihnen freue. Ein Mitbruder, der Künstler ist, nimmt ab und an Bilder oder Kunstwerke aus dem Lager und stellt sie in sein Atelier. Dann setzt er sich ans Klavier und improvisiert zu dem Bild. Er lässt seinen Empfindungen, die dieses Bild in ihm wachruft, freien Lauf. Erlebt man ihn dabei, spürt man seine pure Lebensfreude.

Gehe ich also achtsam mit meinem Besitz um und betrachte ich ihn wie heiliges Altargerät, ist damit auch gemeint: Alles, was in meinem Wohn- und Lebensraum vorhanden ist, soll notwendig sein. Aufzuräumen wäre in diesem Sinn dann eine Bestandsaufnahme: Was habe ich alles? Und was davon brauche ich wirklich, ist notwendig für mein Leben? Zum Notwendigen gehört aber nicht immer nur das, was ich im Alltag gebrauche, also eine Zahnbürste, ein Kühlschrank, ein Stuhl. Manches von dem, was ich besitze, ist auch Ausdruck meiner selbst und in diesem Sinn ebenfalls notwendig. Dennoch kann ich mich beim Aufräumen fragen: Wo schränken mich diese vorhandenen Dinge ein, machen sie mich eng, nehmen sie mir die Luft zum Atmen, weil es zu viele sind?

Dass jeder Mönch alles Notwendige hat, ist nach Benedikt im Kloster Aufgabe des Abtes. Dazu gehört auch die

Entscheidung darüber, was denn notwendig ist. Als Vater (nichts anderes bedeutet das Wort »Abt«) der Gemeinschaft trägt er Sorge dafür, dass jeder Mönch all das erhält: »Kukulle (ein Gebetsmantel, Anm. des Autors), Nadel, Tuch, Schreibtafel (…). Der Abt erwäge aber immer jenen Satz der Apostelgeschichte: ›Jedem wurde so viel zugeteilt, wie er nötig hatte‹« (RB 55,19–20).

Da die Gemeinschaften zu Benedikts Zeiten nicht so groß waren wie meine Gemeinschaft jetzt, war es dem Abt möglich, sich um jeden Einzelnen zu kümmern. Heute ist der Abt zwar in allem letztlich verantwortlich und trägt damit auch die Verantwortung dafür, jeden Einzelnen in der Entfaltung seiner Lebendigkeit zu fördern, aber er muss nicht jedes Detail regeln oder entscheiden. Vielmehr obliegt es zunächst jedem Mönch, für sich selbst Verantwortung zu übernehmen. Dazu gehört auch, mir zu überlegen, wie ich mein Zimmer, das Büro oder die Werkstatt nutze und gestalte.

Auf heute übertragen kann die Weisung Benedikts, dass der Abt für alles Notwendige Sorge zu tragen hat, heißen, dass sich der väterliche Teil in mir angesprochen fühlt: der Anteil in mir, der Sorge trägt für mich, der erspürt, was ich wirklich brauche, aber der auch darauf achtet, dass alles für mich Notwendige vorhanden ist.

»Alle Geräte und den ganzen Besitz des Klosters betrachte er als heiliges Altargerät.«

RB 31,10

»Der Abt (muss) alles Notwendige geben:
Kukulle, Nadel, Tuch, Schreibtafel (…)
Der Abt erwäge aber immer jenen Satz der
Apostelgeschichte: ›Jedem wurde so viel
zugeteilt, wie er nötig hatte.‹«

RB 55,18

Fragen

Wo wünschst du dir mehr Ordnung in deinem Leben? An welcher Stelle würdest du gerne mit Aufräumen beginnen? Im privaten Bereich oder bei der Arbeit? Im Hinblick auf deine Vergangenheit oder deine Zukunft?

Was hindert dich am Aufräumen und daran, für Ordnung zu sorgen?

Wo und wie findest du Ruhe? Nimmst du dir Zeit und Raum, dass Dinge in dir sich setzen und sortieren können?

Übungen

◇ Nimm dir Zeit und schau dich in Ruhe in deinem Wohnbereich, deinem Zimmer um. Welche der Dinge, die du siehst, sind schon lange nicht mehr benutzt worden? Welche Sachen könnten entsorgt werden? Was stört dich im Raum und lenkt dich ab?

◇ »Morgen« will der kleine Mönch beginnen aufzuräumen. Überlege dir, ob und wann du beginnen möchtest, dein Zimmer, deine Wohnung aufzuräumen – und warum du nicht sofort damit beginnen kannst.

◇ Auf einer Skala von 1 bis 10: Wie entschieden bist du, tatsächlich aufzuräumen?

Nach dem Morgengebet und dem Frühstück stand der kleine Mönch in seiner Zelle und kratzte sich etwas ratlos am Kopf. »Wo soll ich bloß anfangen?«, überlegte er.

»Die Bücher, die auf dem Boden liegen, müssten eigentlich ins Bücherregal.«

Das Bücherregal war jedoch schon voll mit Sachen, die er von seinen Reisen mitgebracht hatte: eine Flasche Rotwein aus Italien, die er für einen besonderen Moment aufhob, vier Steine und drei Muscheln, die er vom Strand mitgebracht hatte, weil sie ihm so gut gefielen, die Teekanne, die er auf seiner Reise nach Japan geschenkt bekommen hatte, und so weiter.

Er hatte alles ins Regal gestellt, weil es immer mehr wurde – und ihn auf seinem Schreibtisch gestört hatte. Der wiederum lag voll mit Schreibzeug: bunte Stifte, die zu einem Bild gehörten, das der kleine Mönch angefangen hatte zu malen; die Schreibfeder, Tinte und das Briefpapier, das er brauchte, wenn er morgen dem Bischof einen Brief zum Geburtstag schreiben wollte; ein Ast, der fast die Form eines Engels hatte – der kleine Mönch hatte ihn im Garten entdeckt und mitgenommen, weil er daraus ein Geschenk für Vater Abt basteln wollte. Sein Gebetbuch natürlich auch. Ach nein, das lag – wo hatte er sein Gebetbuch nochmal hingelegt? Er fand es auf dem Fensterbrett neben dem Rosenstöckchen.

»Das Rosenstöckchen müsste auch wieder mal gegossen werden«, sagte sich der kleine Mönch und schaute zu der Stelle, wo die Gießkanne eigentlich stehen sollte. Dort lagen aber seine Sportschuhe, die er in Eile dort abgestellt hatte; die Gießkanne fand er am Waschbecken.

»Wo soll ich nur anfangen?«, stöhnte der kleine Mönch. Frustriert ließ er sich auf sein Bett fallen – und tat nichts.

Aller Anfang ist schwer

Will man aufräumen, stellt sich jedem die Frage, die den kleinen Mönch überfällt: »Wo soll ich bloß anfangen?« Ich kenne das von mir: kleine, schnelle Aufräumimpulse, die damit beginnen und enden, dass ich meine, Ordnung schaffen zu können, indem ich Sachen von A nach B lege oder aus zwei Stapeln einen mache. Wirklich gewonnen ist dadurch nichts. Vor einiger Zeit beschloss ich, mein Büro gründlicher aufzuräumen. Ich begann damit, in die Kisten zu schauen, die herumstanden – und merkte schnell, dass ich da hinein ganz Unterschiedliches gepackt hatte und jetzt begann, jedes einzelne Blatt anzuschauen, um zu entscheiden, ob ich es noch brauche. Schnell verlor ich die Lust und gab angesichts der Menge an Kisten und Blättern, die noch durchgesehen werden wollten, auf – durchaus frustriert. Im Nachhinein dachte ich mir: Hätte ich nicht einfach die Kisten, die ich schon länger nicht mehr geöffnet hatte, ungesehen wegwerfen sollen?

In solchen Situationen denke ich aber auch immer an einen Mitbruder. Eines seiner »Credos« lautet: »Nichts wegwerfen!« Weil man seiner Ansicht nach aus allem noch etwas Neues machen kann. Tatsächlich hat er in seinem Atelier eine große Sammlung von unterschiedlichsten Dingen. Und immer wieder geschieht es, dass daraus etwas Kreatives entsteht, auch wenn es oft eine längere Zeit braucht, nachdem er etwas Herumliegendes mitgenommen und bewahrt hat. Ich muss zugeben: Ich habe mich von ihm anstecken lassen und mache es mittlerweile genauso.

Er hat noch auf andere Weise Verwendung für das Gesammelte: In Kreativkursen stellt er es den Teilnehmern zur Verfügung, die dann daraus wunderbare Dinge gestalten, in denen sich häufig ihre ganze Seele ausdrückt. Zugegeben: Bei ihm sind diese Materialien nach Art und Gattung geordnet und sortiert. Und auch er macht dann und wann in seiner Werkstatt und seinem Lager Ordnung – entsorgt leere Farbtuben, schmeißt Papierschnipsel weg, aus denen man nun definitiv nichts mehr machen kann, beschafft Werkzeug neu.

Gleichzeitig macht aber gerade beim Aufräumen der Gedanke: »Das kann man vielleicht auch noch mal gebrauchen – irgendwann« die Sache nicht einfacher. Ich erinnere mich an einen Satz aus einem Spruchkalender: »Krimskrams sind die Dinge, die man braucht, einen Tag, nachdem man sie entsorgt hat.« Also doch alles aufheben? Nur eben sortiert und geordnet?

In meinem Elternhaus hatte mein Vater einen großen Raum, den er als Werkstatt benutzte. Alles, was man so als Hobbyhandwerker braucht, war dort vorhanden. Mein Bruder und ich durften alles benutzen, nur mussten wir es anschließend wieder an den gewohnten Ort zurücklegen, damit es der Nächste, der es benutzen wollte, auch finden konnte. Mein Vater war geprägt von der Mangelsituation im Krieg, den er hautnah erlebt hatte. Wahrscheinlich konnte er deshalb nichts wegwerfen und bewahrte alle möglichen Schachteln und Boxen auf, sogar die, in denen man im Supermarkt Frischkäse kaufen konnte. Sie wurden nach Gebrauch gespült, getrocknet und gelagert. In einem Schrank im Keller hob er in diesen Boxen und Schachteln Nägel und Schrauben, nach Größe und Gattung sortiert, auf. Ich habe nicht schlecht gestaunt, als wir nach seinem Tod beim Aufräumen ganze zwei Container damit voll bekamen.

Auch auf dem Abteigelände gibt es Werkstätten, in denen niemand mehr arbeitet, aber noch jede Menge Material lagert, das niemand anschaut oder benutzt. Kürzlich erzählte jemand von einem Mitbruder, der sein Leben lang als Zimmermann gearbeitet hatte und ebenfalls durch den Krieg geprägt war. Er zog jeden Nagel aus einem Balken, wenn er nicht mehr gebraucht wurde, und schlug ihn gerade, um ihn aufzubewahren. Nach ökonomischen Gesichtspunkten lohnt sich eine solche Arbeit heute nicht. Wenn ich solche alten Geschichten höre, spüre ich aber so etwas wie nostalgische Rührung. Da klingt eine andere Zeit an, in der man im Handwerk die Dinge noch wertschätzte, sie eben behandelte wie »heiliges Altargerät«. Und trotzdem steht man beim Aufräumen irgendwann vor der Frage: Brauche ich das wirklich? Ist die Erinnerung an die »gute alte Zeit« ein Grund, Gegenstände aufzubewahren, die niemand mehr nutzt?

Stellt man solche Überlegungen an, steht man bald vor dem gleichen Problem wie der kleine Mönch: Kaum hat man den Entschluss gefasst, endlich aufzuräumen, hört man wieder damit auf. Weil man keinen Plan hat, wo und wie man anfangen soll.

Und dann entdeckt man etwas, das einen fesselt, weil man gar nicht mehr wusste, dass man es noch besitzt, zum Beispiel ein altes Fotoalbum. Dann blättert man erst einmal längere Zeit darin und lässt sich ans Mittelmeer, in die Berge, an die Nordsee mitnehmen oder schwelgt in Erinnerungen an die Hochzeit oder die Geburt des ersten Kindes oder andere schöne Ereignisse im Leben. Und dann packt man es liebevoll wieder in den Karton und vergisst, warum man es eigentlich in die Hand genommen hat ...

Es ist eine Art Flucht vor dem eigenen Vorhaben. Manchmal ist es durchaus notwendig, auszuweichen und sich abzulenken. Weil ein Teil in einem selbst noch nicht reif oder wirklich bereit ist, das Aufräumen oder auch ein anderes Problem oder einen Konflikt anzugehen. Wenn Benedikt die Eigenart jedes Einzelnen betont, dann weiß er auch darum, dass jeder seinen eigenen Rhythmus hat. Wie ein afrikanisches Sprichwort sagt: Das Gras wächst nicht schneller, wenn man daran zieht. Häufig liegt es aber eher daran, dass man keinen Plan hat, wie man das Vorhaben angehen oder eben einen Konflikt lösen soll. Beides scheint so groß und so verworren, dass man erkennt: Wenn ich jetzt anfange, mache ich es wahrscheinlich nicht besser, sondern nur noch schlimmer. Ich muss mir erst überlegen, wie es gehen könnte oder wie ich den »Berg« vor mir in kleine Hügel zerteile, damit ich sie bewältigen kann.

Tun, was dran ist

Uns Benediktiner zeichnet grundsätzlich ein nüchterner Pragmatismus aus. Romantische Schwelgereien sind sicher nicht die Erfindung der Mönche. Das habe ich am eigenen Leib erfahren: Als ich ins Kloster eintrat, kam ich gerade von meinem Pilgerweg nach Santiago de Compostela zurück. Nun sollte ich mir für mein Klosterleben einen Namen wählen und für mich war »Jakobus« eine Option, nach dem der Pilgerort in Spanien benannt ist. Da es aber zu dieser Zeit bereits einen Bruder Jakobus bei uns gab und ein Name in der Gemeinschaft nicht doppelt vorkommen soll, war meine Idee, mich »Santiago« zu nennen, also nach der spanischen Form von »Heiliger Jakobus«. Als ein Mitbruder dann allerdings anmerkte, dass dieser Name zwar schön sei, aber für die Gemeinschaft in Münsterschwarzach doch zu romantisch, war die Idee vom Tisch und ich ziemlich ernüchtert. Ich ahnte, worauf ich mich als Novize einzustellen hatte.

Mit den Jahren meines Hierseins verstand ich jedoch immer mehr, wie hilfreich und sinnvoll dieser nüchterne

Pragmatismus ist. Bei den Missionsbenediktinern liegt er sozusagen in ihren Wurzeln: Als diese als ein neuer Zweig des Ordens Ende des 19. Jahrhunderts gegründet wurden und ihre Arbeit in fremden Ländern aufnahmen, ging es oft um den ganz praktischen Aufbau von Missionsstationen. Hier war Sachverstand gefragt und simples Tun: Kirchen errichten, für die Stromerzeugung sorgen, Wasseranschlüsse legen, Autos und Motorräder reparieren. Nostalgische Schwelgereien konnten sich die Mönche nicht leisten. Und wahrscheinlich waren sie nach ihrer täglichen Arbeit dazu abends auch einfach zu müde. Fromm ausgedrückt: Es ging um den Aufbau des Reiches Gottes im Hier und Jetzt.

Für Benedikt spielt das Hier und Jetzt eine wichtige Rolle. Er nennt das »Gegenwart«. Gott ist für ihn der Allgegenwärtige, der aber nur im Jetzt wahrnehmbar ist. Im Jetzt wird das Reich Gottes Wirklichkeit, im Jetzt braucht es konkrete Formen und Strukturen. Daher gab und gibt es in unserer Abtei immer auch mehr Brüder, die einen handwerklichen Beruf ausüben, als Patres (Priester). Das benediktinische Motto »Ora et labora« (»Bete und arbeite«) wurde hier konkret. Das Gebet, das Lob Gottes, verwirklicht sich in der Arbeit. Und es ist häufig das, was gerade notwendig ist, was »dran« ist. Das war auch Benedikt sehr wichtig.

Das erfahre ich im Augenblick am eigenen Leib. Nach einer Krise habe ich mein Leben hier in der Abtei neu geordnet und strukturiert. Dazu gehört, dass ich einen Teil meiner Arbeitszeit in unserer Schmiede und Metallwerkstatt verbringe. Ich erlebe, wie wichtig diese Arbeiten sind. Oft fällt das, was hier getan wird, nicht groß auf. Erst, wenn sich niemand darum kümmert, wird es offensichtlich. Ob das nun das Reparieren unserer Fahrzeuge und Fahrräder ist, das Reparieren und Instandhalten unserer Biogasanlage, das Montieren von Schließanlagen und Toren, die die Abtei schützen. Häufig muss man auch mal eine Arbeit liegen lassen oder unterbrechen, weil gerade eine Reparatur dringend ist und jetzt sofort erledigt werden muss. Kurzum: Es wird hier getan, was »dran« ist.

Benedikt drückt diese Haltung aus, wenn er über das Gebet schreibt: »Hört man das Zeichen zum Gottesdienst, lege man sofort alles aus der Hand, und komme in größter Eile herbei (...). Dem Gottesdienst soll nichts vorgezogen werden« (RB 43,1–3). Wenn also die Glocke zum Gebet ruft, dann ist alles andere nebensächlich, lässt man alles stehen und liegen, weil eben nun das Gebet »dran« ist. Das gilt aber eigentlich für alles, was die Mönche im Alltag tun – schon deshalb, weil Arbeit Gebet ist und Gebet auch Arbeit. Wichtig ist also, das, was ich im Augenblick tue, mit ganzem Herzen zu tun und mit der nötigen

Energie. Um dabei zu entscheiden, was es ist, was gerade »dran« ist, muss ich zunächst überlegen, was notwendig ist, aber auch, was zuerst getan werden muss, damit alle anderen Arbeitsschritte folgen können. Und um nicht das Wichtigste zu vergessen: Dann muss ich es auch wirklich tun.

Genauso verhält es sich mit dem Aufräumen. Wenn mich in meinem Wohnbereich die Unordnung stört, wenn ich das Gefühl habe, ich habe keinen Platz mehr zum Leben und stelle nur immer weitere Stolperfallen auf, muss ich das nüchtern und pragmatisch angehen. Dann ist das jetzt »dran«. Einerseits brauche ich also einen Plan, wie ich mein Vorhaben angehen will – vielleicht so etwas wie einen Einsatz- oder Arbeitsplan in den Werkstätten oder beim Hausbau. Andererseits muss ich es dann auch einfach angehen und ins Tun übersetzen, statt mir den Kopf darüber zu zerbrechen, wo ich anfangen soll oder ob heute oder morgen der bessere Zeitpunkt dafür wäre – »hört man das Zeichen zum Gottesdienst, lege man sofort alles aus der Hand und komme in größter Eile herbei«.

Gleiches gilt natürlich auch, wenn ich spüre, dass ich dringend einmal in meiner Seele, in meinem Inneren aufräumen müsste, weil ich merke, dass mich an mir selbst Dinge stören, die in »Unordnung« sind.

»Hört man das Zeichen zum Gottesdienst,
lege man sofort alles aus der Hand,
und komme in größter Eile herbei (...).
Dem Gottesdienst soll nichts vorgezogen
werden.«

RB 43,1–3

»Das Gras wächst nicht schneller,
wenn man daran zieht.«
Afrikanisches Sprichwort

Fragen

Wie strukturierst du dein Leben, deine Arbeit?

Hast du das Gefühl, ständig in Eile zu sein, weil so viel zu tun und zu erledigen ist?

Nimmst du dir trotz aller Dringlichkeit die Zeit, dich zu sortieren und zu überlegen, was heute dran ist und getan werden muss?

Kannst du ein Notwendiges nach dem anderen in Ruhe erledigen?

Kennst du die Erfahrung des kleinen Mönchs: Weil es so viel aufzuräumen gibt, weil so viel zu tun ist, lenkst du dich erst einmal ab?

Was sind deine Vermeidungsstrategien, um Dinge, die dran sind, die du aber nicht machen möchtest, zu umgehen?

Übungen

◇ Sortiere deine »Baustellen«: Notiere sie eine nach der anderen in dein Tage- oder Notizbuch. Gewichte sie nach (terminlicher) Dringlichkeit. Gibt es Dinge, die auch Zeit haben?

◇ Wenn Aufräumen bei dir dran ist, dann überlege dir: Was ist mein Rhythmus, wann habe ich Zeit dafür?

◇ Teile ich das Aufräumen in Abschnitte ein (beispielsweise jeden Tag eine Stunde) oder mache ich es »in einem Rutsch«?

◇ Benedikt schreibt von dem Zeichen, das zum Gebet ruft. Überlege dir, was ein solches Zeichen sein könnte für dich, das dich erinnert: Jetzt ist Zeit zum Aufräumen – zum Beispiel einen Wecker stellen, deinen Kalender auf deinem Smartphone entsprechend programmieren ...

Der kleine Mönch hatte so lange auf seinem Bett gelegen, dass schon die Mittagsglocke läutete, als er aus seinen Gedanken erwachte. Endlich raffte er sich auf.

»Ach was«, dachte er. »Ich bin ich, und meine Zelle ist eben so, wie meine Zelle ist – und der Vater im Himmel liebt mich, so wie ich bin; ihm ist es egal, ob ich aufräume ...«

Etwas gedankenverloren sang der kleine Mönch beim Stundengebet die Psalmen mit. Doch plötzlich verschlug es ihm die Stimme, denn der nächste Vers hieß:

»Herr, du bist es, der die Ordnung gegründet hat.«

Diesen Satz hatte er noch nie so richtig wahrge-
nommen. Er las die Worte noch einmal. Und dann
noch einmal.

Und auf einmal war es ihm, als wäre der Vater im
Himmel mit seiner ganz persönlichen Unordnung
in seiner Zelle gar nicht so einverstanden.

Irgendwie schämte er sich plötzlich ein wenig.

Sich selbst erkennen

»Was können Sie eigentlich dagegen tun, dass Gott Sie liebt?« Diese Frage stellte ein Jugendlicher, der eine für sein Alter bereits beachtliche kriminelle Karriere aufzuweisen hatte, dem Leiter des Heimes, in dem er untergebracht war. Als ich nach meinem Studium einige Zeit in diesem Heim arbeitete, erzählte mir der Leiter, wie sehr ihn diese Frage überrascht und auch getroffen hatte weil er damit nicht gerechnet hatte – und schon gar nicht und als Letztes aus dem Mund eines Jugendlichen, dem das Leben bereits schwer zugesetzt hatte.

Als ich vor einigen Jahren in unserer Abteikirche eine Fastenpredigt zu halten hatte, griff ich diese Begebenheit auf. Sie war mir in guter und lebendiger Erinnerung geblieben. Im Lauf der Predigt entfaltete ich dann den Gedanken, dass wir tatsächlich alle geliebt sind von Gott – so wie wir sind. Und dagegen können wir nichts tun. Ich sprach mit Leidenschaft und Überzeugung und ging sozusagen ganz in meiner Predigt auf. Nicht zuletzt deshalb, weil dies eines der Themen ist, die mir sehr am Herzen liegen.

Immer wieder erlebe ich in der Seelsorge Menschen, die ohne Liebe aufgewachsen sind, die kein Selbstbewusstsein haben, die sich immer wieder kleinmachen und abwerten. Diese Menschen so zu begleiten, dass sie eine neue, andere innere Haltung zu sich entwickeln können, ist mir wichtig. Der kleine Mönch sagt sich die Botschaft selbst, als er aufwacht und zum Gebet geht. Mit diesem Gedanken rechtfertigt er auch, dass er nicht getan hat, was zu tun er sich doch vorgenommen hatte: aufräumen. Vielleicht dachte er sich auch noch: »Warum denn überhaupt aufräumen? Ist das denn nicht alles überhaupt viel zu anstrengend? Und war diese ganze Aufräumsache nicht eine Schnapsidee?«

Ich muss zugeben: Ich nahm diese Predigt, von der oben die Rede war, auch zum Anlass, mir selbst wieder einmal zu sagen, dass ich gut bin, so, wie ich bin. Und geliebt, so, wie ich bin. Da uns Mönchen eher ein nüchterner Pragmatismus zu eigen ist, ist es nicht gerade unsere Lieblingsbeschäftigung, uns gegenseitig Komplimente zu machen und uns zu bestätigen, wie toll wir sind oder dass wir alle Gottes geliebte Kinder sind. Also muss man es sich doch öfter einmal selbst sagen, oder?

Aber auch hier holte mich die benediktinische Nüchternheit ein. Am Tag nach der Predigt kam ein Mitbruder auf mich zu und meinte, dass sei ja alles schön und gut mit dem Geliebtsein. Sein Tonfall verriet mir, dass jetzt noch ein großes »Aber« folgen würde. »Aber«, fuhr er dann auch wie erwartet und befürchtet fort, »bedeutet das denn wirklich, dass ich nichts in meinem Leben ändern muss an mir und meiner Art zu leben, zu beten, Mönch zu sein? Ist also ›alles gut‹ – wie man heute neudeutsch sagt?«

Diese Frage saß – einmal ausgesprochen – jetzt genauso fest in meiner Erinnerung wie die (rhetorische) Frage, was ich denn gegen Gottes Liebe tun könne. Meine Erfahrung, die ich bisher auf dem geistlichen Weg gemacht hatte, sagte mir zusätzlich: Wenn ein Satz, eine Frage, ein Gedanke in mir hängen bleibt, mich umtreibt und nicht loslässt, hat er auf jeden Fall mit mir und meinen inneren Prozessen zu tun. Und deshalb sollte ich dem nachgehen.

Beim kleinen Mönch ist es ein Vers aus dem Psalm 99, an dem er beim Mittagsgebet hängen bleibt: »Gott hat die Ordnung geschaffen!« Plötzlich ist er sich nicht mehr so sicher, dass Gott ihn und seine Unordnung genau so liebt, wie sie sind. Und deshalb schämt er sich auf einmal. Aber was für ein Gottesbild steht hinter dieser Scham? Dann wäre Gott einer, der möchte, dass man Ordnung hält, und deshalb kleinlich darauf schaut, ob man es als Mensch auch tut. Und einen zur Rechenschaft zieht, wenn er es eben nicht tut. Dann aber wäre Gott doch der Buchhaltergott – das Gottesbild, mit dem viele von uns groß geworden sind, vor dem sie Angst hatten. Gott war eher so jemand wie der Nikolaus, der alles sah und es kleinlichst in sein großes Buch schrieb. Ein solcher Gott wäre auch keinesfalls einverstanden mit unseren Sünden und Vergehen.

Ich erinnere mich an meine ersten Beichten in meiner Kindheit. Ich bekannte zum Beispiel in meiner Beichte vor der Erstkommunion Sünden, die aus heutiger Sicht und Überzeugung keinesfalls als solche zu bezeichnen wären, die mich aber damals mit Scham und Angst erfüllten – vor eben diesem Buchhaltergott. Im Lauf der Zeit reifte dann in mir der Glaube und wurde zu meiner inneren Überzeugung, dass es Gott vielmehr darum geht, dass es den Menschen gutgeht als um kleinliche Buchhaltung; dass die Menschen aufrecht und lebendig sind. Der Kirchenvater Ignatius von Antiochien sagt: »Die größte Ehre Gottes ist der lebendige Mensch!« Daher ist Ordnung in unserem Leben nicht für den »lieben Gott« und seine Zufriedenheit da, sondern für uns selbst, für unsere Konzentration auf das Wesentliche und die Möglichkeit, Freude an den Dingen zu haben.

Das Psalmwort, das den kleinen Mönch trifft, ist deshalb keine moralische Anklage, sondern vielmehr ein Spiegel seiner selbst: Er hat sich aus dem Aufräumen herausgeredet mit dem Gedanken, dass Gott doch ihn und seine Zelle so liebe, wie sie sind. Die Scham, die ihn jetzt ergreift, ist das »heilige Erschrecken« über sich selbst. Er erkennt, dass er Gott als Ausrede benutzt hat, um nichts tun zu müssen oder eben alles so zu lassen, wie es ist.

Ich erinnere mich, dass die Anfrage meines Mitbruders, ob ich denn gar nichts zu ändern habe in meinem Leben, mich mehrere Tage beschäftigt und in mir gearbeitet hat. Bis ich genau das einsah: Die Erkenntnis, dass Gott mich liebt, wie ich bin, kann nicht die Ausrede dafür sein, mich nicht zu verändern. Denn sonst benutze ich Gott, um Schwierigkeiten oder eben dem Aufräumen aus dem Weg zu gehen. Vielmehr ist die Haltung »ich bin geliebt, wie ich bin« eine Seite der Münze. Die andere Seite ist die Zusage, die darin steckt: Sie kann mir Mut machen, mich zu verändern und auch Schwierigkeiten zu meistern. Gottes Liebe kann mich also genau darin unterstützen, statt dass ich sie als Rechtfertigung nehme, um Zustände zu zementieren, wie sie sind.

Der Blick in den Spiegel

In meiner Studienzeit in Münster erschien ein Buch mit dem Titel »Weil sie das Leben lieben«. Mönche der Benediktinerabtei Königsmünster (Sauerland) schildern darin ihre Beweggründe für den Eintritt ins Kloster und was sie an ihrem Mönchsein fasziniert. In meiner eigenen Auseinandersetzung mit der Frage, ob der Mönchsweg mein Lebensweg sein könnte, war dieses Buch so etwas wie meine ständige Lektüre. Ich entdeckte darin große Lebensfreude, die Liebe der Mönche zum Leben und eine tiefe Zufriedenheit mit dem Weg, den sie gewählt hatten. Das übte eine große Anziehung auf mich aus. Ich begriff, dass es auf dem benediktinischen Weg um die Liebe zum Leben geht und darum, es in seiner ganzen Fülle zu leben.

Bis heute treffe ich immer wieder auf Menschen, die mit dem Leben in einem Orden eher Verzicht verbinden. In ihren Augen verzichtet man bei einem Ordenseintritt sozusagen auf das normale Leben und entsagt ihm, weil man Ehelosigkeit und Gehorsam verspricht und all das, was man gemeinhin unter »Spaß am Leben« versteht, nicht erlebt. Es ist ganz sicher nicht immer einfach, Mönch zu sein, es bleibt eine Herausforderung, aber es ist ein spannender, nie langweiliger Weg, der Lebendigkeit schenkt. Mir persönlich hilft mein Mönchsein, dem Menschen entgegenzuwachsen, der ich in meiner Tiefe bin.

Seit den Anfängen des Mönchtums ist die Selbsterkenntnis ein wesentliches Moment. Das wird gerade in den Schriften der sogenannten Wüstenväter, die in den ersten nachchristlichen Jahrhunderten in die Einsamkeit der Wüste zogen, um Gott und sich selbst zu finden, deutlich. Sie beschreiben eine ständige Auseinandersetzung mit dem eigenen Ego, mit Versuchungen, Ablenkungen – kurzum mit all dem, was dem Mönch auf dem Weg in die eigene Tiefe im Weg steht. Es geht ihnen immer um die Frage: Was hindert mich auf dem Weg zu Gott und zu mir? Wo stehe ich mir selbst im Weg? Wo suche ich immer wieder Ausreden und oberflächliche Ablenkungen vom Wesentlichen? Niemand, der beginnt, sich mit sich selbst auseinanderzusetzen und an sich zu arbeiten, kommt an diesen Fragen vorbei. Es ist das, was die moderne Psychologie »Schattenarbeit« nennt.

Der kleine Mönch begegnet seinem Schatten, als er sich erst einmal aufs Bett legt, sich herausredet, um keine Ordnung schaffen zu müssen, die er aber doch eigentlich zu brauchen scheint. Sonst hätte ihn der Psalmvers nicht so getroffen und zum Nachdenken gebracht. Wenn mich ein Satz, ein Vers, ein Spruch trifft, dann hat er zutiefst mit mir zu tun. Er berührt ein Thema auf dem Grund meiner Seele, das gesehen und erkannt werden möchte. Die entscheidende Frage ist also: Wo laufe ich vor mir selbst weg, wo rede ich mich heraus? Was sind meine Mechanismen, um der Begegnung mit mir selbst zu entkommen?

Der Mönch – das Wort leitet sich vom griechischen Wort »monachos« ab – ist dem Wortsinn nach einer, der allein lebt. Das meint auch: Er hält sich selbst aus. Er läuft nicht vor sich davon, sondern ist im besten Fall einer, der sich durchschaut und weiß, wann eine Idee, ein Gedanke eine Flucht ist und wann nicht. Zumindest ist dies das Ideal. Wie wir aber am kleinen Mönch sehen, gelingt es nicht immer, sich selbst zu durchschauen, Versuchungen und Ablenkungen zu widerstehen – keinem von uns.

Die lange Geschichte spirituell suchender Menschen zeigt aber auch, dass alles, dem ich zu entfliehen versuche, mich trotzdem wiederfindet. Selbst wenn ich mich nicht in äußere Vergnügungen stürzen und mich durch diese ablenken kann, um zum Beispiel notwendigen (Aufräum-) Prozessen aus dem Weg zu gehen, wird mich das Thema einholen – in inneren Bildern oder, wie beim kleinen Mönch, in einem Psalmvers.

Noch immer begegnen wir Mönche wie der kleine Mönch solchen Bildern und inneren Themen im Psalmengebet. In den fünf Gebetszeiten jedes Tages werden die Psalmen gemeinsam laut rezitiert. So konfrontieren wir uns mit der Gefühlswelt und den Themen des Beters, der diese Verse verfasst hat. Die Theologie unterscheidet sogenannte Fluch-, Klage-, Dank- und Lobpsalmen, was deutlich macht, dass in den 150 Psalmen des Alten Testamentes nahezu alle Gefühle thematisiert werden, die ein Mensch haben kann. Hier geht es zum Beispiel um Wut auf die Feinde, die den Beter töten wollen. Oder er beklagt sich über sein Leben und Schicksal, das er als ungerecht empfindet. Aber er dankt Gott auch für erwiesene Rettung aus Unglück und lobt ihn für all das Gute, das ihm in seinem Leben widerfahren ist. Damit werden die Psalmen zum Spiegel meiner selbst: So wie sich der kleine Mönch in dem Vers aus Psalm 99 wiedererkennt, so kann ich mich mit meinen Themen in den Psalmen wiederfinden und mich selbst erkennen. Bleibe ich als Mönch beim täglichen Gebet der Psalmen an einem Vers hängen und geht dieser mir nach, kann ich mir die Frage stellen: Was darin hat einen Bezug zu mir und meiner derzeitigen Situation?

Beschäftigt mich zum Beispiel ein Psalmvers, in dem es um Wut geht, kann es sein, dass ich eine solche Wut vielleicht bewusst gar nicht spüre, sie sich aber unterbewusst auf diese Weise bemerkbar macht. Vielleicht ist es eine Wut, die ich kenne, aber nicht mag, weil sie immer wieder kommt, und bei der ich Angst habe, sie nicht bändigen, kontrollieren zu können. Vielleicht mag ich sie auch nicht, weil sie nicht in mein Selbstbild passt, da ich mich eher als einen Menschen sehe, der in sich geordnet, strukturiert ist und sich immer unter Kontrolle hat. Aus diesen Gründen wird sie verdrängt und beiseitegeschoben. Sie wird zu meinem Schatten.

Vielleicht rege ich mich auch über die Bilder des beliebten Psalm 23 auf, in dem Gott als der gute Hirte gelobt wird. Er führt den Beter auf grüne Auen und an Wasser des Lebens. Er ist der gute Gott, der ihm den Tisch deckt und reichlich zu essen gibt. Diese Bilder empfinde ich als zu schön, um wahr zu sein, als zu lieblich, zu romantisch. Es klingt mir zu sehr nach einem Picknick auf der grünen Wiese, und der »liebe Gott« wird weichgespült und verniedlicht. Ein solcher Gott toleriert jeden und alles, und bei ihm kann jeder machen, was er will. Er verzeiht ja doch am Ende. Wenn ich so denke, trage ich in mir vielleicht die Sehnsucht nach genau dieser Art von Harmonie, von heiler Welt. Da ich es mir aber nicht eingestehen kann und nicht bereit bin, mich innerlich neu zu ordnen und aufzuräumen mit meinem falschen Selbst- und Gottesbild, rege ich mich über diesen Psalm auf.

Das Gebet ist aber nicht nur deshalb eine Hilfe auf meinem Weg, weil es zum Spiegel meiner selbst werden kann, sondern auch, weil der Beter sich damit Gott anvertraut. Er übt zum Beispiel gegenüber seinen Feinden keine Selbstjustiz, sondern überlässt Gott das Urteil. Er bringt seine Feinde, seine Wut, alles, was ihn bewegt, vor Gott. Das bedeutet, psychologisch betrachtet, auch: Es ist nicht meine Aufgabe, mich zu bewerten oder gar abzuwerten oder ein Urteil über mich zu fällen, wenn ich mich durchschaue, mich selbst erkenne, mich schäme, ärgere oder wütend bin. Vielmehr bietet sich dadurch die Chance, in den Spiegel zu schauen und zu sagen: »Ja, ich bin so, wie ich bin. Und genau so liebt mich Gott. Aber das heißt nicht, dass ich mich nicht verändern kann oder will. Nicht meine Gefühle sollen die Kontrolle über mich haben, nicht meine Muster und meine Ablenkungen. Stattdessen erkenne ich meine inneren Vorgänge, verstehe ihre Botschaft und handle entsprechend.«

Ein weiterer Ort der Selbsterkenntnis ist die tägliche Arbeit. Bei mir gehört, wie schon erwähnt, seit einiger Zeit dazu auch das praktische handwerkliche Tun in unserer Schmiede, zum Beispiel die Pflege und Wartung der Fahrräder der Mitbrüder und Mitarbeiter. Schnell stellte ich fest: Wenn man so schraubt, ölt, putzt, repariert, braucht man dazu Feingefühl, Geduld und Achtsamkeit – Eigenschaften, die ich mir eher erarbeiten muss, als sie aus meinen Anlagen abrufen zu können. Zudem geht es nicht immer so schnell dabei voran, wie ich es gerne hätte oder meine, dass es gehen müsse. Häufig ärgere ich mich dann, was mich nicht gerade achtsamer sein lässt. Oder ich bin versucht, erst einmal eine Pause zu machen oder eine andere Arbeit zu finden, die jetzt dringender ist als die Reparatur des Fahrrades, und die vielleicht auch mehr Spaß macht. Die Herausforderung liegt darin, Geduld und Durchhaltevermögen zu haben und achtsam mit den Dingen umzugehen.

Wenn ich nun aber beginne, das Wirrwarr meiner verschiedenen Emotionen zu durchschauen und damit die Kontrolle zu übernehmen, kann ich entspannter arbeiten und dem auftauchenden Gefühl, Muster oder der Ablenkung sagen: »Ach, da bist du wieder; ich werde dir jetzt aber keinen Raum geben.« Stattdessen atme ich vielleicht einmal tief durch und überlege in Ruhe, wie ein Problem, eine Aufgabe, eine Herausforderung jetzt zu lösen ist, statt dem aus dem Weg zu gehen oder mich abzulenken. Dann nimmt mir auch meine Wut nicht mehr meinen Atem und lässt mich kurzatmig sein oder meinen Puls in die Höhe schnellen. Ich lasse mich nicht aus der Puste und durcheinander bringen, sondern sortiere und ordne mich.

Ein wunderbares und hilfreiches Bild hierfür fand ich in der therapeutischen Begleitung meiner oben schon erwähnten Krise: auf meinen Emotionen, Themen und inneren Bewegungen zu surfen wie auf einer Welle. Dieses Bild hat sich mir nachhaltig eingeprägt und beschäftigt mich noch immer. Als ich es zum ersten Mal hörte, dachte ich: Hätte mir das jemand vor meiner Krise gesagt! Es hätte mir geholfen, mit den Wellenbewegungen meines Lebens zu gehen und sie zu meistern. Ich war in so vielen verschiedenen Arbeitsbereichen engagiert, mit privaten Fragen und seelsorglichen Herausforderungen beschäftigt, die mich berührt und oft auch in Frage gestellt haben. Irgendwann war es einfach zu viel, ich konnte mich nicht mehr über Wasser halten und am Ende wurde ich – um im Bild zu bleiben – von diesen Wellen verschluckt.

Aus heutiger Sicht war dieses »Zugrundegehen« notwendig, um mich im wahrsten Sinne des Wortes neu aufzubauen, zu ordnen, zu strukturieren, Wichtiges von Unwichtigem unterscheiden zu lernen, Zeit zu haben für die Prozesse meiner Selbsterkenntnis. Ich musste verstehen, was gerade in und mit mir geschieht, in eine innere und äußere Strukturierung und Ordnung finden, die ich jetzt lebe. Jeden Tag freue ich mich, wahrzunehmen, dass es mir jetzt deutlich besser geht als vor der Krise.

Eine große Hilfe bei meinem »Wiederaufbau« war mir die Begleitung im Gespräch. Und zwar sowohl die therapeutische als auch die durch meinen Abt. Ein Gegenüber kann manchmal klarer auf Situationen blicken, sie vielleicht sogar durchschauen, und einem auch mal »den Kopf waschen«. Gerade, weil man manchmal die eigene Wahrheit nicht sehen will, ist es gut, wenn es im Umfeld einen Menschen gibt, der die Erlaubnis hat, Kritisches zu sagen oder sich zu melden, wenn er den Eindruck hat, der andere verrennt sich auf seinem Weg. Als es darum ging, meine Arbeitsbereiche so zu strukturieren, dass sie für mich gut zu bewältigen sind, brachte der Abt die Idee mit der Arbeit in der Schmiede auf. Das bedeutete auf der anderen Seite, andere Arbeitsbereiche, die mir lieb geworden waren, zu lassen. Heute liebe ich die Arbeit in der Schmiede, und viele, denen ich es erzähle, meinen, das würde sehr gut zu mir passen. Dem Abt – so Benedikt – solle der Mönch alles, was ihn bewegt, unter vier Augen anvertrauen. Er handle und sei dann wie ein Arzt, der die Wunden zu versorgen wisse, ohne dass sie offenbar werden und jeder davon erfährt. Ihm vertraute ich mich tatsächlich als Erstem an – und er half mir, in einen Prozess zu finden, der zur Neuordnung geführt hat.

Wenn ich also lerne, die Themen zu strukturieren und vor dem, was an die Oberfläche kommt, nicht davonzulaufen, sondern spielerisch auf den Wellen meines Lebens zu surfen, dann hat das Leben fast etwas von einem Abenteuer. Oder, wie ein Mitbruder bei meinem Eintritt in das Kloster sagte: »Ab jetzt wird Langeweile ein Fremdwort für dich sein.« Das hat sich bestätigt! Und beweist, dass jene unrecht haben, die davon ausgehen, das Ordensleben sei täglich das Gleiche, es gebe keine Abwechslung, geschweige denn Lebendigkeit, und es sei eben pure Langeweile.

Ein solcher Weg der Selbsterkenntnis bedeutet auch, dass ich Verantwortung übernehme – für mich und mein Leben. Ich bin bereit, meine Emotionen, Gefühle, Themen anzuschauen, vor Herausforderungen nicht mehr wegzulaufen und einfach meinen Ausweichmustern zu folgen, ohne sie zu hinterfragen. Nicht sie bestimmen mich, sondern ich schaue sie an und gehe mit ihnen sozusagen in einen Dialog und entdecke die tieferliegende Botschaft darin. Meine Gesprächspartner, in meinem Fall der Abt und mein Therapeut, können mir nur Hinweise geben. Mein Leben wirklich ändern, Ratschläge umsetzen, kann ich nur selbst. Das nimmt mir keiner ab. Mein Abt hat zum Beispiel den Kontakt zur Schmiede hergestellt und dort nachgefragt, ob die Angestellten sich vorstellen könnten, dass ich bei ihnen und mit ihnen arbeite. Das entsprach auch seiner Verantwortung für mich. Aber konkret hingehen, sagen, dass ich jetzt da bin und das – im wahrsten Sinne des Wortes – heiße Eisen schmieden, das musste ich dann selbst tun.

Nicht immer muss ich für Schritte zur Veränderung in eine Krise geraten. Es kann lohnend sein, mich von Zeit zu Zeit zu fragen, wo ich stehe, ob und – wenn ja – wo ich festgefahren bin oder mich festgefahren habe; ob mein Leben so stimmt, wie es ist, oder ob es in mir eine Sehnsucht gibt, es anders zu gestalten.

Wenn dem so ist, kann ich mich weiter fragen, wo und wie ich mich herausrede – und ob ich Gott oder seine unbegrenzte Liebe dazu benutze. Manche benutzen auch ihre Lebensgeschichte, um sich herauszureden. Keine Frage: Es gibt viele Menschen, die hatten eine wirklich schlimme Kindheit. Und viele leiden immer noch darunter oder die Wunden sind so tief, dass ihnen die Kraft fehlt, ihr Leben zu ändern. Aber mir sagte mal jemand: »Ich kann nicht alles damit entschuldigen, dass ich als Kind nicht in Watte gepackt worden bin.« Das ist die eine Seite. Die andere ist: Wenn die Kraft nicht zur Veränderung reicht, reicht sie vielleicht, um jemanden um Hilfe zu bitten. Ich muss nicht alles alleine schaffen. Aber in der Einsicht, dass ich etwas alleine nicht schaffe, steckt schon die Sehnsucht und die Kraft, etwas zu verändern. Dann bleibt es nicht mehr, wie es ist.

Vielleicht machen Veränderungen, herausfordernde Schritte, das Aufräumen im eigenen Leben nicht immer Spaß. Und oft ist es auch schrecklich anstrengend. Aber wenn es mir in meinem Leben besser gehen und ich (wieder) ich selbst werden will, dann hilft alles nichts – dann muss ich es selbst in die Hand nehmen und etwas tun.

»Die Macht des Königs ist das Recht, das er liebt. Du bist es, der die Ordnung gegründet hat. Recht und Gerechtigkeit in Jakob hast du bewirkt.«

Psalm 99,4

»Mit größter Sorge muss der Abt sich um die Brüder kümmern, die sich verfehlen, denn nicht die Gesunden brauchen den Arzt, sondern die Kranken.«

RB 27,1

Fragen

Gibt es Angewohnheiten, Zustände, Situationen, bei oder in denen du spürst: Das tut mir nicht gut?

Was sind die Gründe, warum du daran trotzdem nichts änderst?

Kennst du das, was der kleine Mönch erlebt: dass du aufräumen möchtest und es dann doch lässt? Welche Ausreden hast du dann? Oder was hält dich sonst davon ab?

Kennst du Situationen, in denen du dir selbst etwas vorgemacht hast, du nicht wahrhaftig dir gegenüber warst? Was waren oder sind die Gründe dafür?

Gibt es »Baustellen« in deinem Leben, bei denen du spürst, du läufst vor dir davon? Was sind die Gründe?

Übungen

◈ Lies in der Bibel im Buch der Psalmen. Beginne bei Psalm 1. Welches Wort berührt dich? Warum berührt es dich gerade jetzt? Was hat es mit dir zu tun?

◈ Überlege: Gibt es einen anderen Satz, einen Spruch, eine Lebensweisheit, die dir jetzt gerade wichtig ist? Warum?

◈ Suche das Gespräch mit einer dir vertrauten Person! Erzähle aus deinem Leben, was dich beschäftigt, wie es dir geht, wo du gerade unsortiert bist, nicht durchblickst. Bitte diese Person um ein Feedback. Manchmal braucht es den Blick von außen, um blinde Flecken und Schatten sehen zu können.

◈ Überlege einmal: Was motiviert dich, aufzuräumen – in deinem Inneren wie im Äußeren? Was unterstützt dich?

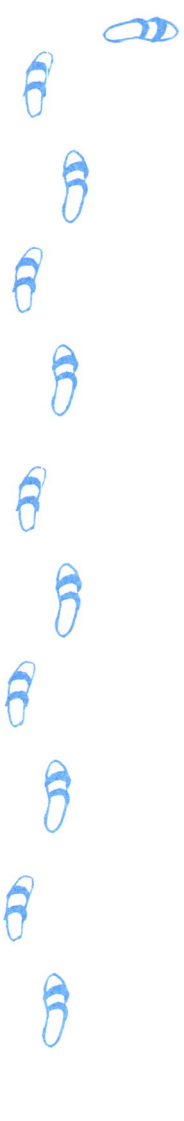

Nach dem Chorgebet gingen die Mönche gemeinsam durch den Kreuzgang in den kleinen Speisesaal. Noch immer über Ordnung und Unordnung grübelnd, folgte der kleine Mönch seinen Mitbrüdern, wurde jedoch an der Tür vom Abt sanft festgehalten. »Du bist so in Gedanken«, sagte er.

Erschrocken stotterte der kleine Mönch: »Ich ... äh ja ...«

»Möchtest du nach dem Essen mit mir im Garten spazieren gehen?«, fragte der Abt.

»Ja, sehr gerne!«, antwortete der kleine Mönch gleich – und er war ein wenig erleichtert, dass er mit dem klugen Abt über seine Probleme sprechen könnte.

Wie verabredet trafen sie sich nach dem Essen im Garten. Sie liefen zunächst eine Weile schweigend nebeneinander her, dann fragte der kleine Mönch:

»Vater Abt, mag mich der Vater im Himmel nicht, wenn ich unordentlich bin?«

»Oh doch«, antwortete der Abt: »Er mag dich genau so, wie du bist.« Sie liefen wieder ein paar Schritte, dann fügte der Abt hinzu: »Aber deine Unordnung kann dir selbst im Weg stehen. Und das hält dich vom Wesentlichen ab.«

Der kleine Mönch bemerkte seinen immer noch schmerzenden kleinen Zeh. »Ja, das stimmt wohl«, dachte er bei sich.

»Vater Abt, ich möchte Ordnung schaffen in meiner Zelle!«, sagte der kleine Mönch, und war selbst überrascht, dass es so aus ihm herausbrach. »Doch ich weiß nicht, wo ich anfangen soll.«

»Du willst Ordnung schaffen? Das ist gut!«, antwortete der Abt. »Erinnerst du dich an deinen Urlaub in den Bergen?«

Der kleine Mönch nickte: »Ja natürlich! Die hohen Berge haben mir am Anfang etwas Angst gemacht, als wir an ihrem Fuße standen. Dann sind wir hinaufgewandert, immer höher, und die Aussicht von oben war wundervoll.«

»Siehst du«, sagte der Abt, »der Berg deiner Unordnung macht dir jetzt noch Angst. Doch die Reise zum höchsten Gipfel beginnt mit einem kleinen Schritt«, fügte er hinzu. »Beginne so: mit kleinen Schritten. Und Stück für Stück wirst du den Gipfel des Berges erreichen.«

Der kleine Mönch antwortete nichts. Er verneigte sich kurz zum Dank und sie beendeten ihre Runde im Garten in Schweigen.

Schritt für Schritt

Es ist beinahe eine Binsenweisheit, dass jeder Weg – auch der längste – mit dem ersten Schritt beginnt. Und die Erfahrung, die der kleine Mönch bei seiner Bergwanderung gemacht hat, kennen wohl viele von uns.

Ich erinnere mich hier wieder einmal an meinen Pilgerweg nach Santiago de Compostela. Dieser begann für mich nicht nur mit dem ersten Schritt. Am Anfang stand die Entscheidung, diesen Weg zu gehen, und davor noch die Frage, ob in meiner damaligen Lebenssituation dieser Weg der nächste und richtige Schritt wäre. In diesem Sinn hat auch das Aufräumen des kleinen Mönchs bereits mit seinen ersten Gedanken daran (»ich müsste mal aufräumen«) und der Entscheidung dazu (»morgen fange ich damit an«) begonnen.

Als ich mich für den Pilgerweg entschieden hatte, war die nächste Frage: Wo beginne ich? Der »klassische« Startpunkt für viele Pilger ist der kleine französische Grenzort Saint-Jean-Pied-de-Port. Hier vereinen sich alle Pilgerwege Richtung Santiago aus ganz Europa zu dem einen »Camino«, wie er ab hier genannt wird. Auf diesem ist man bis zum großen Ziel je nach Pilgertempo gut drei Wochen unterwegs. Ich spürte in mir damals allerdings das Bedürfnis, länger unterwegs sein zu wollen. Drei Monate sollten es mindestens sein, damit ich Zeit und Raum hatte, um in Ruhe meinen Lebensfragen nachgehen zu können.

Um meinen Startpunkt zu finden, ging ich von einer einfachen Rechnung aus: Bei drei Monaten Pilgerweg und einem realistischen Minimum von 20 Kilometern pro Tag – so stand es in den Pilgerratgebern –, schienen mir 1800 Kilometer zu Fuß machbar. Eine Europakarte verriet mir, dass in dieser Entfernung zu Santiago de Compostela Cluny liegt – der Ort mit dem bedeutendsten Benediktinerkloster des Mittelalters. Ganz in der Nähe von Cluny wiederum hat sich die bekannte ökumenische Gemeinschaft von Taizé niedergelassen. Dieser christliche Ort nun sollte im September 1999 der Ausgangspunkt für meinen Pilgerweg sein. Das Ziel: Ankunft in Santiago zum Weihnachtsfest.

In Taizé angekommen, traf ich einen anderen deutschen Pilger. Als er von meinem Vorhaben erfuhr, entschied er sich spontan, mich noch einige Tage zu begleiten, um mir den Einstieg ins Pilgern zu erleichtern. Eigentlich war Taizé das Ende seiner aktuellen Etappe auf dem Jakobsweg und er wollte von hier aus nach Hause zurückfahren. Ich war sehr dankbar für diese Wegbegleitung. Nach drei Tagen verabschiedete sich mein Kompagnon endgültig, und ich pilgerte allein weiter.

An diesen Moment, ab dem ich ganz allein auf mich gestellt war, erinnere ich mich noch sehr genau. Am Abend dieses Tages, an dem ich nur wenige Kilometer bewältigen konnte, war ich trotzdem sehr erschöpft. Wahrscheinlich deshalb, weil meine Seele anders als mein Körper viele Kilometer zurückgelegt hatte: Von der ersten Idee, diesen Weg zu gehen, über meine Fragen, Zweifel und auch Widerstände bis hin zu diesem Tag. Ich war stolz auf mich, bis hierhin gekommen zu sein.

Hätte ich am Beginn meines Weges immer wieder darüber nachgedacht, welch lange Strecke noch vor mir lag, weiß ich nicht, ob ich nicht nach dem ersten so herausfordernden Tag allein auf dem Weg gedacht hätte: Schaffe ich das überhaupt? Bin ich da nicht einer zu großen Idee aufgesessen? Vielleicht wäre ich auch gleich wieder nach Hause gereist. Später musste ich mich tatsächlich mit solchen Fragen auseinandersetzen. In einem französischen Café fragte mich eines Tages ein Einheimischer, wohin ich unterwegs sei. Als ich ihm mein Vorhaben schilderte, schaute er mich völlig konsterniert an und konnte oder wollte es schier nicht glauben, dass ich die Strecke bis nach Santiago de Compostela ausschließlich zu Fuß gehen wollte. Mit einem spürbar abschätzigen »It's your life« ließ er mich stehen und brachte damit zum Ausdruck, was er von meinem Projekt hielt: Nichts! Das war nicht gerade motivierend und ließ Zweifel in mir aufsteigen.

Gott sei Dank gelang es mir immer wieder, meine Wahrnehmung auf die Sehnsucht in mir nach dem großen Ziel zu richten. Sie war es, die mich jeden Morgen mit neuem Mut aufbrechen und kraftvoll weiterpilgern ließ. Es war so, wie Antoine de Saint-Exupéry einmal schrieb: »Wenn du ein Schiff bauen willst, dann trommle nicht Männer zusammen, um Holz zu beschaffen, Aufgaben zu vergeben und die Arbeit einzuteilen, sondern lehre die Männer die Sehnsucht nach dem weiten, endlosen Meer.« Das weite, endlose Meer war in meinem Fall der uralte Pilgerort am westlichen Ende Spaniens.

Unterwegs merkte ich schnell, dass es wichtig ist, mir selbst eine feste Tagesstruktur zu geben, die mich unter anderem dazu verpflichtete, jeden Morgen zu einer bestimmten Zeit aufzustehen und aufzubrechen. Ohne Wenn und Aber. Im Kontakt mit anderen Pilgern wurde mir klar, dass jeder auf diesem Weg seine eigene Struktur und seinen eigenen Rhythmus hat. Die einen starteten mitten in der Nacht, die anderen spät am Vormittag; die einen wollten so schnell wie möglich viele Kilometer hinter sich bringen; andere ließen sich treiben und warteten gelassen ab, welchen Ort sie abends erreichten und wo sie dort eine

Unterkunft fanden. Ich setzte mir jeden Morgen beim erneuten Aufbruch ein Ziel für diesen Tag, das zu erreichen mir Schritt für Schritt realistisch erschien.

Ich lief also durchschnittlich 25 Kilometer am Tag. Mit einigen Pausen, Zeiten am Abend für Essen und Tagebuchschreiben und natürlich genügend Schlaf, reichte es für mich. Und ich war zufrieden und glücklich, wenn ich das anvisierte Ziel am Abend tatsächlich erreicht und auf meinem Weg wieder weiter vorangekommen war.

Je näher ich jedoch Santiago kam, desto länger wurden auch meine Tagesetappen. An einem Tag waren es sogar 42 Kilometer, die ich in Schnee und Kälte bewältigte. Hätte mir das jemand am Anfang des Weges erzählt, wäre ich es gewesen, der ihn ungläubig angeschaut hätte. Aber irgendwann kommt auf so einem Weg der Punkt, an dem man spürt: Jetzt möchte ich ankommen und es endlich geschafft haben. Das Ziel, das jetzt nicht mehr weit entfernt ist, zieht einen fast magisch an. Dieser innere Drang kann ungeahnte Kräfte freisetzen.

Übertrage ich diese Erfahrungen nun auf meinen Alltag, dann fällt mir zunächst einmal die Regel ein, die man bei Zeitmanagementkursen lernt: nie die ganze zur Verfügung stehende Zeit verplanen. Denn wenn ich das tue, gehe ich erstens davon aus, dass ich alles, was zu erledigen ist, mit links schaffe, und zweitens, dass es keine Störungen geben wird, die die Arbeit verzögern. Es ist wichtig, dass ich einen realistischen Blick auf die Arbeit und meine Arbeitskraft behalte, also nicht aufschreibe, was ich gerne erledigen möchte in der Zeit, sondern was für mich tatsächlich leistbar und machbar ist. Dabei muss ich meinen eigenen Rhythmus im Blick haben, meine Art, Schritt für Schritt zum Ziel zu kommen.

Wenn ich im Fluss bin und meine Aufgaben leicht und gut bewältige, kann ich immer noch Aufgaben vorziehen, die ich für einen späteren Zeitpunkt vorgesehen hatte. Ein solches Arbeiten ist aber motivierender, als wenn ich mir zu viel vornehme, nur die Hälfte dessen erledige, was ich geplant hatte, und meine To-Do-Liste für den nächsten Tag dadurch nur immer länger wird. Arbeite ich so über längere Zeit, türmen sich irgendwann so viele unerledigte Dinge vor mir auf, dass ich nicht mehr weiß, wie ich das denn alles bewältigen oder wo ich anfangen soll. Und wahrscheinlich werde ich mich selbst fragen, wie denn ein solcher Berg überhaupt entstehen konnte.

Ähnlich scheint es mir beim Aufräumen, Ordnen und Sortieren zu sein. Denke ich an meine eigenen Erfahrungen damit, dann erinnere ich mich, dass mir das Aufräumen – einmal mit realistischer Zeitplanung begonnen und Schritt für Schritt durchgeführt – irgendwann regelrecht Freude gemacht hat. Es fühlte sich gut an, dass wieder Platz frei wurde, ich mir im wahrsten Sinne des Wortes Raum verschaffte und über meine Besitztümer neuen Überblick gewann. Diese Freude wiederum setzte die Energie in mir frei, die ich brauchte, um bis zum Ziel durchzuhalten.

Der realistische Idealismus

Als nüchterner Pragmatiker war Benedikt auch Realist. Er machte weder sich selbst noch seinen Mönchen etwas vor und war im besten Sinn wahrhaftig. Er wusste, dass man Menschen nicht über ihr Maß hinaus fordern darf. Wenn man den Bogen überspannt, dann können Menschen wie ein Bogen zerbrechen. Gleichzeitig braucht ein Mensch (An)Spannung – wie ein Bogen auch, um dann frei auf sein Ziel zufliegen zu können. Diese positive (An)Spannung entsteht durch eine Aufgabe, die ich habe, ein »Tagwerk«, das zu tun ist und das Ordnung und Struktur in mein Leben bringt. Hat man eine solche Spannung nicht, kann es sein, dass man einfach nur in den Tag hinein lebt und nichts mit sich anzufangen weiß. Man wird lasch und träge. Und Trägheit, sagt Benedikt – er nennt es Müßiggang – ist der Feind der Seele.

Da das (Leistungs-)Maß jedes Menschen aber individuell verschieden ist und jeder seinen ganz eigenen Lebensrhythmus hat, muss die Anspannung im Leben des Einzelnen ebenfalls individuell sein und darf das eigene Maß nicht überschreiten. In meiner Gemeinschaft gibt es Mitbrüder, die frühmorgens beim ersten Gebet hellwach sind und abends nach der Komplet ins Bett gehen. Andere Mönche werden abends erst richtig wach und haben frühmorgens ihre Anlaufschwierigkeiten. Der eine braucht den Mittagsschlaf, der andere hat in der Mittagszeit sein Leistungshoch.

Um deutlich zu machen, wie wichtig diese Spannung im Leben des Einzelnen ist, weicht Benedikt nicht davon ab, Ideale zu formulieren. Er kennt aber auch die Schwächen seiner Mönche und weiß, dass eben keiner ideal ist. Von den Schwächen heißt es in der Regel: Die Mönche »sollen sie mit unerschöpflicher Geduld ertragen« (RB 72,5). Für mich heißt das in der Praxis: Es hilft nichts, Druck auszuüben – weder auf andere noch auf mich selbst. Sich oder andere zu einer Leistung zu zwingen oder Schritte zu gehen, für die man noch nicht bereit ist, wird vielleicht kurzfristig ein Ergebnis bringen. Aber langfristig hat man damit eben den Bogen überspannt und er wird brechen.

Als ich noch Schulseelsorger an unserem Gymnasium war, gab es immer wieder Schüler, deren Leistungsgrenze zum Beispiel in Mathe bei einem stabilen »ausreichend« erreicht war. Die Eltern erwarteten aber mehr und meinten, sie müssten mit Nachhilfe und mehr oder weniger sanftem Druck den Kindern zu besseren Noten verhelfen. Ich sagte den Schülern: »Weißt du, aus einem VW mache ich keinen Porsche. Und ein VW ist ein guter, zuverlässiger Wagen. Mit dem gewinnt man keine Rennen, aber er bewältigt ausdauernd lange Strecken.«

Ich erinnere mich auch an mein Studium. Als ich vor meinen Abschlussprüfungen stand, war täglich nach sechs Stunden intensivem Lernen mein Kopf voll, und ich konnte nichts Neues mehr aufnehmen. Damit war mein Leistungsmaß erreicht. Andere Studenten saßen wesentlich länger am Schreibtisch und lernten. Ich habe dann meine Prüfungen nicht mit Bestnoten abgeschlossen, aber mit guten Noten. So war es eben und das habe ich akzeptiert. Es geht also immer um die Grenzen des Machbaren. Und damit um realistische Planung und Einschätzung des eigenen Leistungsvermögens.

Ein wunderbares Beispiel für das realistische Denken Benedikts ist seine Haltung in Bezug auf Alkohol. In seiner Klosterregel schreibt er dazu: »Zwar lesen wir, Wein passe überhaupt nicht für Mönche, weil aber die Mönche heutzutage sich davon nicht überzeugen lassen, sollten wir uns wenigstens darauf einigen, nicht bis zum Übermaß zu trinken, sondern weniger« (RB 40,6).

Benedikt schätzt als Vater des abendländischen Mönchtums den Verzicht auf Alkohol. Aber er weiß auch, dass das für die Mönche seiner Zeit nicht nachvollziehbar ist, und erlaubt deshalb eine festgelegte Menge an Wein für jeden Mönch pro Tag.

Im Jahr 2019 wollten wir in unserer Gemeinschaft die Tagesordnung etwas mehr an den modernen Alltag anpassen. Wir führten im Vorfeld dazu viele Gespräche und tauschten Meinungen und Ideen aus. Eines war uns dabei von vornherein klar: Wir werden nicht die perfekte Tagesordnung erfinden. Und schon gar keine, mit der jeder zufrieden ist. Daher war die Frage, die uns dabei leitete: Was ist machbar? Wie sieht ein Kompromiss aus, mit dem jeder leben kann? Wo ist aber auch die Grenze des Machbaren? Will man in einem solchen Prozess zu viel, ist man zu idealistisch, dann bricht irgendwann die Stimmung ein und man erreicht nicht mehr alle Mönche. Dann geht am Ende gar nichts mehr, jegliche Schritte werden blockiert.

Das Bemerkenswerte in diesem Prozess war für uns, dass wir fähig waren, über die Tagesordnung zu diskutieren, und dass keiner den anderen mit seiner Meinung abgewertet oder ihn mit den Worten »das ist aber nicht mehr benediktinisch« unter Druck gesetzt hat, seine Meinung doch noch zu ändern. In den Diskussionen tauchte zum Beispiel irgendwann die Frage auf, wie oft wir denn eigentlich in der Woche die heilige Messe feiern sollten. Unsere bisherige Regelung sah dies täglich vor. Ein Mitbruder, der in den Achtzigerjahren des letzten Jahrhunderts in das Kloster eingetreten ist, sagte, dass es in dieser Zeit undenkbar, ein Sakrileg, eine Häresie gewesen sei, die tägliche heilige Messe in Frage zu stellen. Da wurde einfach etwas vorgegeben, ein Maß an Gebet und Gottesdienst, und das war zu erfüllen. Wollte oder konnte jemand diesem Maß nicht gerecht werden, dann wurde ihm offen gesagt: »Du kannst ja gehen, draußen warten genügend junge Männer, die eintreten möchten.« Solche Aussagen können verletzen und sind nicht ermutigend für einen jungen Menschen, der gerade in einer inneren Auseinandersetzung mit sich, dem gewählten Weg und dessen Anforderungen ist.

Sehr ermutigend war es, in unserer Diskussion zu erleben, dass es möglich war, miteinander auf die Realität von heute zu schauen und zu fragen, welche Tagesordnung, welche Anzahl an Gebeten und Gottesdiensten mit unserem modernen Alltag vereinbar ist. Man durfte anfragen, in Frage stellen und frei sagen, was man denkt, fühlt und sich wünscht, ohne dass man dafür gleich kritisiert wurde. Schnell wird das, was einmal festgelegt und über einen längeren Zeitraum hinweg praktiziert wurde, als Tradition ausgegeben. Und diese muss dann um jeden Preis bewahrt werden. Darum aber darf es nicht gehen, denn auch klösterliche Regeln sollen den Mönchen und ihrem

Auftrag dienen und nicht umgekehrt. Daher galt es (und gilt es immer wieder) zu fragen: Was dient uns heute? Was hilft uns Mönchen, unseren Auftrag in unserer Zeit zu erfüllen? Alles, was wir tun, soll ja – so Benedikt – »zur höheren Ehre Gottes« geschehen. Wie kann das aber heute gelebt werden? Die moderne Welt und der moderne Alltag machen vor unserer Klostertür nicht halt. »Früher« gab es hier in der Abtei wesentlich mehr Mönche als heute. Die Arbeit, die getan werden musste, wurde auf viele Schultern verteilt, und das Leben war insgesamt, wenn man es so sagen will, kontemplativer, ruhiger. Heute dagegen sind die Anforderungen an uns andere. Die Arbeit ist auf weniger Mönche verteilt, die Kommunikation durch die sozialen Medien vielfältiger und von erwarteter Erreichbarkeit geprägt. Das Leben ist gefühlt schneller geworden.

Das betrifft dann ganz konkret den Alltag der Mitbrüder, die zum Beispiel in der Schule arbeiten. Inzwischen haben wir eine Ganztagsschule mit über 800 Schülern. Der Unterricht geht also bis in den Nachmittag. Das bedeutet also, dass die Mitbrüder, die in die Schule eingebunden sind, oft nicht die Möglichkeit haben, an allen Gebetszeiten teilzunehmen. Gleiches gilt für die Seelsorge. Dazu kommen immer wieder Abendtermine: Theateraufführungen, Konzerte, Elternabende, aber auch Tauf- und Seelsorgegespräche.

Andere Mitbrüder wiederum haben tagsüber so viele Besprechungen und Gespräche, dass erst am Abend Zeit ist, um den Schreibtisch aufzuräumen, E-Mails zu beantworten und Liegengebliebenes zu bearbeiten. Der Abend wird also durch verschiedene Verpflichtungen deutlich länger und einige Mitbrüder kommen daher erst spät ins Bett. Es stellt sich uns also die Frage, wann die richtige Zeit wäre, am Morgen mit dem Gebet zu beginnen. Solche durch unsere Lebensrealität aufgeworfenen Fragen und Überlegungen spielten in unserer Diskussion eine Rolle und konnten offen eingebracht werden. Am Ende dieses längeren Prozesses fanden wir für unsere Tagesordnung zwar nicht die ideale Lösung, aber eine, die für alle akzeptabel war. Und vor allem lebbar und machbar.

Eine solch realitätsbezogene Sicht auf das Leben und die Menschen ist Benedikt ein großes Anliegen. Ich habe es bereits erwähnt: So sehr er das Ideal schätzt, so sehr weiß er auch um die realen Möglichkeiten der Menschen und auch um ihre Grenzen. Je länger ich hier bin, je älter ich werde, desto deutlicher wird mir: Das Leben ist immer ein Kompromiss oder, anders gesagt, eine Aussöhnung mit nicht erreichten und nicht lebbaren Idealen. Mein Therapeut, der auch Paartherapeut und selbst zum wiederholten Mal verheiratet ist, sagte mir: »Wissen Sie, in jeder Beziehung gibt es einen Bereich, in dem es ideal läuft miteinander, wo man sich gut versteht und ergänzt. Dann gibt es einen Bereich, bei dem man sagt: Der ist nicht perfekt, aber ich kann damit leben. Und es gibt einen dritten Bereich, bei dem man sagt: Das geht so eigentlich gar nicht.« Diese Realität müsse man annehmen und sich mit ihr aussöhnen. Ich konnte das für das Kloster nur bestätigen. Denn wir sind eben auch nur eine Lebensgemeinschaft, zu der ganz unterschiedliche Menschen gehören. Selbst wenn wir für viele nach außen hin immer noch die »heiligen Mönche und besseren Christen« sind, gilt doch ebenso für uns der Satz eines verstorbenen Mitbruders, den er stets wiederholte: »Auch im Kloster ist nichts ideal.«

Ich kann das auf meine eigene Person übertragen und wahrscheinlich auf jedes Leben. Das gilt dann für mein alltägliches Tun, zu dem vor allem die Struktur, aber ebenfalls das Aufräumen gehören. Wenn ich es schaffe, mich und meine Fähigkeiten realistisch einzuschätzen, bewahrt mich das vor einer wesentlichen Gefahr: dem Perfektionismus. Viele Menschen leiden darunter, weil sie sich ein idealistisches Selbstbild geschaffen haben, dem sie aber eigentlich in keiner Situation ihres Alltags entsprechen können.

Ich denke hier auch an einen Mitbruder, der sehr allergisch reagiert, wenn jemand von sich sagt, dass er von

Gott zum Mönch »berufen« worden sei. Er meint, das gebe dem Mitbruder nicht nur die Gelegenheit, sich als jemand Besonderer zu fühlen, als ein »Auserwählter Gottes«, sondern zugleich würde er sich – und dass sei noch bedenklicher – daran abarbeiten, diesem Ideal und dieser Berufung zu entsprechen und wie ein Auserwählter zu leben.

Viel sympathischer und lebensnaher ist da ein Wort des Theologen und Schriftstellers Johannes Bours: »Der Mensch wird des Weges geführt, den er wählt.« Das betont die individuelle Freiheit und lässt dem Einzelnen den Raum, sein Tempo zu bestimmen, in dem er auf seinem Weg unterwegs sein will. Und Gott begleitet ihn dabei. Kein Mönch muss sich, nur weil er meint, Gott habe ihn dazu berufen, in ein Ideal pressen, um diesem Gott zu gefallen und der vermeintlichen Berufung zu entsprechen.

Und das gilt so für alle Menschen, nicht nur für Mönche. Wir alle haben den Auftrag, uns selbst zu entsprechen, wahrhaftig gegenüber uns selbst zu sein und den Weg zu gehen, der uns lebendig sein lässt. Wenn jemand den benediktinischen Weg wählt, dann (hoffentlich) deshalb, weil ihm dieser Weg guttut, er sich darin erfüllt fühlt, und nicht, um »heiligmäßig« zu sein und sich darin über andere zu stellen, oder Erwartungen zu erfüllen, die er von außen oder auch von innen an sich selbst spürt. Um im Bild zu bleiben: Jeder Lebensweg ist ein Pilgerweg, keine Rennstrecke. Und am Ende wartet auch kein Pokal auf uns, sondern »nur«, uns selbst gefunden zu haben.

Blicke ich so auf mein Leben, kann ich in ein Tempo und einen Rhythmus »schalten«, die mir und meinen Möglichkeiten entsprechen. Ideale oder der Anspruch, immer alles perfekt machen zu wollen, können dagegen dazu führen, dass ich einen begonnenen Weg schnell beende. So wie ich beim Aufräumen meines Büros bei jedem einzelnen Zettel in meinen Kisten überlegen wollte, ob er aussortiert gehört oder nicht, und dann ganz schnell das Aufräumen beendet habe, weil mich die Motivation verließ. Perfektionismus kann aber auch dazu führen, dass ich eine Sache erst gar nicht beginne, weil ich davon überzeugt bin, sie sowieso nicht perfekt machen zu können. Bevor ich es dann schlecht mache, lasse ich es lieber gleich ganz bleiben.

Am Anfang meines Weges als Mönch hatte ich natürlich auch ein Ideal vor Augen, wie ein Mönch zu sein hat und was einen guten Mönch charakterisiert. Gerade zu Beginn ist man enthusiastisch und voller Eifer. Schnell unterliegt man dann der Gefahr, ein Ideal erfüllen zu wollen, in das man aber gar nicht hineinpasst. Der Satz eines Mitbruders, dass der größte Fehler, den man machen könne, der sei, sich mit anderen zu vergleichen, hat mir sehr geholfen. Er bewahrte mich davor, mich selbst unter Druck zu setzen.

Auch gab und gibt es hier in der Gemeinschaft Mitbrüder, die so etwas wie Vorbilder für mich waren und sind, und die mich in ihrer Art und Weise zu leben und Mönch zu sein, faszinierten und immer noch faszinieren. Sie sind mir aber ein Vorbild, weil ich den Eindruck habe, dass sie ihre authentische Lebensspur gefunden haben und sich selbst treu geblieben sind. Im Rahmen des benediktinischen Weges haben sie ihr Potenzial entfaltet. Und das vor allem in Bereichen, die auch mich stark interessieren: in der Seelsorge und in der Kunst. Ich durfte im Austausch mit ihnen erfahren, dass auch sie ihren Weg Schritt für Schritt gegangen sind und ihn erst finden mussten. Und dass sie eben nicht perfekt sind, sondern ihre Ecken und Kanten, Fehler und Schwächen haben. Es geht immer um meinen Weg, den ich für mich gewählt habe, und nicht um einen, der der Weg des anderen ist.

Viel wichtiger auf diesem Weg ist für mich die Frage: Wie kann ich mich entwickeln? Was ist der nächste Schritt, um noch besser in die Persönlichkeit hineinzuwachsen, die ich bin? Wie kann ich mehr ich selbst werden?

Das gilt auch für das Aufräumen und Sortieren, für den Weg, Ordnung in mein Leben zu bringen. Anstatt alles perfekt machen zu wollen, kann ich fragen: Wie verbessere ich den Ist-Zustand? Entlang dieser Frage zu arbeiten, heißt, dass ich zum Beispiel nicht jeden Zettel nehmen und umdrehen muss, sondern mir vielleicht erst einmal einen Plan mache, wie ich grob Ordnung schaffen kann. Wenn das erreicht ist, kann ich mir die weiteren Schritte überlegen. Auch hier ist ein »ausreichend« dann erst einmal ausreichend. Die Grundfrage ist also: Was kann ich realistischerweise erreichen und womit kann ich zufrieden sein?

Der kleine Mönch findet im Abt einen Gesprächspartner, der ihm genau diesen Rat gibt, als er merkt, dass er nicht weiterkommt. Er sagt ihm damit auch: Du musst das nicht perfekt machen. Gerade wenn man bei einer Sache blockiert ist oder nicht weiter weiß, kann es hilfreich sein, sich einen Gesprächspartner zu suchen, der Rat weiß, einen vielleicht auch spiegelt und verdeutlicht, was der Grund für die Blockade ist oder dass ich damit, dass ich eine Sache gar nicht erst angehe, gerade vor mir selbst weglaufe.

In meiner Noviziatszeit im Kloster war es der Novizenmeister, der mich vor zu großem Eifer bewahrte und Vorschläge machte, was mir jetzt guttun und helfen könnte – durchaus auch, um Hemmungen und Blockaden in mir zu lösen. Auf seinen Vorschlag hin begann ich zum Beispiel, mich mit der Initiatischen Therapie zu beschäftigen, die es mit ihren Methoden versteht, einen Menschen näher zu seinem Wesenskern zu führen. Später traf ich meinen geistlichen Begleiter, mit dem ich bis heute im regelmäßigen Dialog stehe. Er ist analytischer Psychologe nach Carl Gustav Jung und mit ihm spreche ich vor allem über meine Träume und deren Botschaften aus den unbewussten Tiefenschichten meines Seins. Seine Begleitung half mir zum Beispiel zu erkennen, wie wichtig der benediktinische Weg für meine Seele ist – gerade mit den Herausforderungen dieses Weges, mit denen ich mich schwertue.

Ein Blick von außen kann uns immer dabei helfen, uns zu strukturieren und nicht zu schnell aufzugeben. Ich selbst habe mal einen Freund, dessen Wohnung ich als sehr aufgeräumt und strukturiert empfand, gebeten, mir bei meinen ersten Schritten, in meinem Büro Ordnung zu schaffen, beizustehen und so eine grobe Ordnung herzustellen. Das gelang uns dann auch innerhalb eines halben Tages und hat mir nicht nur sehr geholfen, sondern mich auch zufrieden gemacht, selbst wenn die detaillierte Kleinarbeit dann noch vor mir lag.

»Müßiggang ist der Seele Feind. Deshalb sollen die Brüder zu bestimmten Zeiten mit Handarbeit, zu bestimmten Stunden mit heiliger Lesung beschäftigt sein.«
RB 48,1

»Zwar lesen wir, Wein passe überhaupt nicht für Mönche. Weil aber die Mönche heutzutage sich davon nicht überzeugen lassen, sollten wir uns wenigstens darauf einigen, nicht bis zum Übermaß zu trinken sondern weniger.«

RB 40,6

»Sie sollen einander in gegenseitiger Achtung zuvorkommen; ihre körperlichen und charakterlichen Schwächen sollen sie mit unerschöpflicher Geduld ertragen.«

RB 72,4–5

Fragen

Kannst du dich realistisch einschätzen? Weißt du, wo deine Grenzen liegen – in körperlicher und psychischer Hinsicht? Weißt du, was dir guttut? Weißt du, was dir schlecht bekommt?

Gibt es jemanden, mit dem du reden kannst, von dem du Hilfe annehmen kannst, wenn du nicht mehr weiter weißt oder merkst, dass du dir selbst im Weg stehst?

Wie perfektionistisch bist du – auf einer Skala von 1 bis 10?

Kennst du das von dir, dass du lieber gar nicht erst anfängst, wenn du merkst, dass du einhundert Prozent nicht schaffen kannst?

Was könnte dir helfen, aus einer solchen »Erstarrung« zu kommen und die Dinge, zum Beispiel das Aufräumen, anzugehen?

Übungen

Mache dir einen realistischen Aufräumplan, der dir entspricht! Was könnten dabei die »kleinen Schritte« für dich sein, von denen der Abt dem kleinen Mönch erzählt?

Der kleine Mönch nahm sich vor, am nächsten Vormittag mit dem Aufräumen zu beginnen. Nach dem Frühstück ging er in seine Zelle zurück und überlegte den ersten kleinen Schritt.

»Die Bücher müssen vom Boden weg«, sagte er zu sich und legte den Stapel auf den kleinen Schreibtisch.

»Dafür muss ich hier erst Platz machen«, fuhr er fort, und nahm einen ungenutzten Kerzenständer, fünf Karten, die er zum letzten Geburtstag bekommen hatte, den Tischkalender, den er seit Wochen nicht mehr umgeblättert hatte, zwei Bleistifte, schon ziemlich abgestumpft, und die Lupe, die er für den Fall, dass er einmal etwas Kleingedrucktes nicht lesen konnte, aufhob, vom Tisch, um im Regal nach einem geeigneten Platz dafür zu suchen.

Da klopfte es an die Tür, und bevor der kleine Mönch »Herein!« rufen konnte, trat der Abt ins Zimmer. »Ah, wie ich sehe, sorgst du für Ordnung«, sagte er gleich.

»Ja, Vater Abt«, antwortete der kleine Mönch, »ich versuche kleine Schritte, wie Ihr es gesagt habt.«

»Gut!«, lobte ihn der Abt, und er setzte hinzu: »Ich habe noch ein Geschenk für dich, das dir bestimmt viel Freude machen wird!«

»Oh, das ist schön«, freute sich der kleine Mönch. »Zeigt her, was ist es?« Der Abt steckte die Hände in die tiefen Taschen seines Habits. »Schließe die Augen! Ich habe es hier, kann es dir aber erst sagen, wenn du es in Händen hältst.«

Eilig wandte sich der kleine Mönch wieder zum Regal – er hatte ja immer noch den Kerzenständer, den Kalender, die Karten, die Stifte und die Lupe in beiden Händen. »Wartet, ich will nur schnell ... Ach, das ist alles so voll hier ...«

Der Abt lächelte: »Merkst du, wie deine Unordnung dir nun gerade im Weg steht?« Und er fügte hinzu: »Nur wer loslässt, hat die Hände frei für das, was an Schönem kommen mag!«

Der kleine Mönch fühlte sich ertappt. Er stapelte die Sachen zurück auf den Tisch. »Nur wer loslässt, hat die Hände frei«, wiederholte er.

»So ist es«, antwortete der Abt: »Nur wer loslässt, hat die Hände frei – und auch das Herz!« Und damit drehte er sich um und ließ den kleinen Mönch mit seiner Unordnung allein.

Loslassen

»Weniger ist mehr« – auf diesen Satz könnte man reduzieren, was der Abt dem kleinen Mönch hier zu sagen versucht. Und das gilt für ziemlich viele Bereiche unseres Lebens. Dass es sich mit weniger und leichterem Gepäck
zum Beispiel auch einfacher laufen lässt, habe ich ganz
praktisch auf meinem Pilgerweg erfahren. Als ich begann,
meinen Rucksack für meine dreimonatige Tour zu packen,
war er zunächst einmal immer zu schwer. Ich wollte einfach zu viel mitnehmen. Dabei ging es nicht um »Luxus-
güter« oder Dinge, von denen ich dachte, es wäre schön,
sie dabeizuhaben, sondern ausschließlich um solche Sachen, von denen ich dachte, dass ich sie unbedingt da-
beihaben müsse.

Aber es war klar: Ich muss das Gewicht reduzieren, sonst
schaffe ich den Weg nicht. Es war eine echte Herausforderung, mich von immer mehr Dingen zu trennen, auf die ich
doch eigentlich gar nicht verzichten konnte. Ich weiß nicht
mehr, wie oft ich den Rucksack gepackt und umgepackt
habe, bis ich endlich ein Gewicht erreicht hatte, mit dem
ich glaubte, gut unterwegs sein zu können. Als ich dann

aber endlich auf dem Pilgerweg war, spürte ich, dass der Rucksack immer noch zu schwer war.

Gott sei Dank merkte ich aber auch recht schnell, dass ich manches entgegen meiner Annahme wirklich nicht brauchte, zum Beispiel den Gaskocher oder den Schlafsack. Es gab genügend Unterkünfte auf dem Weg, und etwas zu essen fand ich auch jeden Tag im Supermarkt, im Dorfladen oder in der Bar auf dem Weg. Also schickte ich immer wieder von unterwegs Dinge nach Hause, die sich als unnötig erwiesen hatten. Häufig merkt man eben erst auf dem Weg, was man braucht und was nicht. Und dass ein paar Kilo weniger auf dem Rücken unglaublich viel ausmachen.

Als ich nach drei Monaten Pilgerweg wieder nach Hause fuhr und in München Station machte, war dort gerade Winterschlussverkauf. Unglaublich viele Menschen drängten sich durch die Innenstadt, um ein Schnäppchen zu machen. Als ich inmitten dieser Menge stand, sagte ich zu mir selbst: »Einer von uns spinnt – entweder die oder ich.« Nachdem ich drei Monate mit so wenig ausgekommen war, fragte ich mich: »Was brauche ich denn wirklich zum Leben?« Mit dem Wenigen, das ich auf dem Rücken trug, war ich gut ausgekommen auf meinem Pilgerweg – ohne dass mir etwas fehlte.

Ähnlich ging es mir im Haus eines Bekannten meiner Familie. Er war früh Witwer geworden, und nach dem Auszug seiner Kinder lebte er allein. In dem riesigen Wohnzimmer gab es vier Sitzecken. Drei davon waren mit alten und schweren, eher barocken Möbeln dekoriert. Genutzt wurde definitiv nur die vierte mit einer etwas moderneren Ausstattung. Immer, wenn ich mich in diesem Haus aufhielt und in das Wohnzimmer kam, legte sich mir eine Schwere auf die Schultern und ich spürte, wie mich innerlich etwas herunterzog. Das war tatsächlich das Gegenteil von Leichtigkeit.

So ganz anders erlebte ich das in der Abtei Ndanda in Tansania. Hier gibt es einen wunderbaren Kapitelsaal, in dem sich die Mönche zu wichtigen Besprechungen und Abstimmungen versammeln. Dieser Raum hat gar keine Fenster, sondern eher Luftschlitze, die in die Wand eingelassen sind. Sie lassen ständig einen leichten Wind herein, der vom nahegelegenen Indischen Ozean weht. Zusammen mit hellen Farben und leichten Stühlen war dieser Raum eine wunderbare Komposition von Leichtigkeit, die sofort das Herz lichter und freier machte, in dem einem also sozusagen die Lasten von den Schultern genommen wurden.

Manchmal haben wir ähnlich wie bei meinem bekannten Witwer auch bei der Gestaltung von Räumen die Tendenz, die Tradition bewahren und die Vergangenheit konservieren zu wollen. Das gilt eben nicht nur für Wohnzimmer, sondern auch für Kirchenräume oder Vereinsheime oder andere Orte, mit denen wir zum Beispiel schöne Erinnerungen an unsere Jugend verbinden. Ich bewundere den Mut vergangener Generationen, die ohne große Bedenken Kirchen abgerissen und neue gebaut haben, weil eine neue Zeit angebrochen und ein neues Lebensgefühl aufgebrochen war.

Heute geschieht es eher selten, dass alte Kirchen abgerissen und neue gebaut werden, um einem neuen Lebensgefühl gerecht zu werden. Vielmehr werden Kirchen heute häufig anders genutzt, wenn sie für ihren eigentlichen Zweck nicht mehr zur Verfügung stehen. Meistens spielen finanzielle Gründe eine Rolle, wenn zum Beispiel die Unterhaltung der Kirche nicht mehr gewährleistet werden kann oder eine dringend anstehende Renovierung nicht durchführbar ist. Aber auch hier braucht es den Mut der Verantwortlichen, die Entscheidung zu treffen, eine Kirche als sakralen Raum aufzugeben. Vielen Menschen, die mit »ihrer« Kirche vor Ort auch emotional verbunden sind, fällt ein solcher Schritt nicht leicht und macht ihnen das Herz schwer. Sie sind dort vielleicht getauft worden, haben in dieser Kirche ihre Ehe geschlossen, haben hier lebendige Jugendgottesdienste gefeiert.

Wichtig ist in solchen Fällen, wie die Kirchen weiter genutzt werden und ob die neuen Besitzer versuchen, dem Lebensgefühl und den Bedürfnissen der Menschen von heute gerecht zu werden. Ziehen zum Beispiel in ehemals sakrale Räume Cafés, Bibliotheken oder Bars ein, so entstehen Orte, in denen neue Formen von Begegnung und Gemeinschaft möglich werden. In gewisser Weise wird damit das Anliegen, das auch Kirchenräume haben, weitergeführt. Auch Kirchen möchten Menschen zusammenführen und Gemeinschaft stiften. Sie möchten erfahrbar machen, dass niemand allein unterwegs ist und andere (und Gott) mit ihnen gehen. Wird eine solche Erfahrung, die den Menschen dient, in alten Räumen neu möglich, so kann jenen, die unter der Umwidmung der sakralen Räume leiden, etwas von der Schwere genommen werden, die in ihrem Herzen ist, und neue Leichtigkeit in ihr Leben kommen.

Vielleicht können sie dann sagen: »Da fällt mir aber ein Stein vom Herzen!« Ein Stoßseufzer, den viele Menschen auch aus anderen Zusammenhängen kennen, wenn etwas Belastendes geklärt werden konnte oder sich erdrückende Sorgen als unbegründet erweisen. Steine, die bildlich gesprochen, auf meinem Herzen liegen, können es erdrücken und mir das Leben schwermachen. Dabei kann es auch um Erinnerungen oder Kränkungen, Verletzungen oder andere Erlebnisse aus der Vergangenheit gehen: Altlasten, die ich noch mit mir herumtrage und die mir die Luft zum Atmen nehmen.

»Wer loslässt, hat die Hände frei«, sagt der Abt zum kleinen Mönch. Solche Steine und Lasten loszulassen, wird einfacher, wenn ich mir bewusst mache, was passiert, wenn mir das gelingt: Mit leeren Händen und befreitem Herzen bin ich bereit, Neues zu empfangen.

In der Begleitung von Menschen spüre ich immer wieder diese Sehnsucht, anders und freier leben zu können. Viele merken sehr deutlich, dass ihnen dieses oder jenes in ihrem Leben nicht guttut und wie sehr es sie einengt. Und trotzdem halten sie daran fest. Weil sie sich an die Situation gewöhnt haben und mit ihr umzugehen und zu leben wissen. Für viele ist selbst das Alte, das sie bedrückt, besser als Neues, von dem sie nicht wissen, wie es wird, was es ihnen bringt. Ich habe hier zum Beispiel Menschen vor Augen, die nach dem Tod ihrer Eltern immer noch daran festhalten, so weiterzuleben, wie ihre Eltern es ihnen beigebracht haben und von ihnen erwarten würden, obwohl sie sich deshalb seit Jahren wie in einem Gefängnis fühlen. Oder Menschen, die das Erbe der Eltern bewahren möchten, den Betrieb weiterführen, die Häuser weiter verwalten, obwohl sie nur Ärger damit haben oder sie eigentlich überhaupt kein Interesse daran haben. Sie sind zwar nicht glücklich dabei, aber sie hängen daran fest, weil sie glauben, es den Eltern schuldig zu sein.

Mir kommt auch ein Priester in den Sinn, den ich im Studium kennenlernte und von dem ich und auch andere Bekannte den Eindruck hatten, dass er immer etwas zwanghaft agierte. Es hat uns daher nicht gewundert, als er kurz nach dem Tod seiner Mutter den Priesterberuf aufgab, eine Partnerschaft einging und sich Arbeit in der freien Wirtschaft suchte. Er hatte den Beruf nur seiner Mutter zu liebe aufgenommen. Solange sie lebte, musste er zwanghaft an dem festhalten, was diese sich für ihren Sohn gewünscht hatte – und auch, was ihm die Anerkennung und die Liebe seiner Mutter sicherte. Mit seinen eigenen Interessen hatte das, was er tat und lebte, aber nichts zu tun. Immerhin schaffte er es, nach dem Tod der Mutter sein Leben selbst in die Hand und sich dieses schwere Päckchen von den Schultern zu nehmen.

Jeder Mensch sehnt sich ohne Zweifel nach Anerkennung und Liebe. Er trägt das Bedürfnis in sich, gesehen zu werden und jemand zu sein. Dennoch setzen viele Anerkennung, Wertschätzung und Liebe häufig damit gleich, dass man Erwartungen erfüllt. Und: Geld spielt bei Anerkennung ebenfalls eine große Rolle, was man also hat und wer man deshalb ist. Ich denke aber auch an Menschen, die am Übergang von der Arbeitszeit in den Ruhestand stehen. Sie sind herausgefordert, ihre Arbeit loszulassen und damit eine Aufgabe, die ihnen Sinn und Selbstwert geschenkt hat. Jetzt, wo sie diese Aufgabe loslassen müssen, stehen sie vor der Frage: Wer bin ich denn dann noch im Rentenalter? Was bleibt von mir, wenn ich nicht mehr der Abteilungsleiter bin oder der angesehene Unternehmer? Wer bin ich sozusagen mit »leeren Händen«?

In der therapeutischen Aufarbeitung meiner Krise spülte meine Erinnerung eine Begebenheit in mein Bewusstsein, die meine Mutter mir schon oft erzählt hatte, deren Bedeutung mir aber in ihrer Tiefe noch nie richtig klar geworden war. Nach meiner zu frühen Geburt im siebten Monat verbrachte ich 1971 vier Wochen im Brutkasten im Krankenhaus. Es war nicht sicher, ob ich überleben würde. Der zuständige Arzt sagte mehrmals zu meiner Mutter: »Wenn Gott will, dann kommt er durch. Gehen Sie in die Kapelle und zünden Sie eine Kerze an – für uns Ärzte und Ihren Sohn.«

Jetzt wurde mir auf einmal die Kraft bewusst, die in diesem Satz liegt: »Wenn Gott will, komme ich durch.« Als ich mich daran erinnerte, habe ich versucht, mir vorzustellen, in welchem Tonfall der Arzt diesen Satz meiner Mutter gesagt hat. Mit wie viel Kraft oder Vorsicht, mit wie viel Zurückhaltung oder forschem Mut. Mich machte es froh, mir vor Augen zu halten: Ja, ich bin durchgekommen. Also hat

Gott es gewollt und mit mir etwas vorgehabt. Und auch durch meine Krise bin ich durchgekommen – mit Gottes Kraft und weil er es wollte. Infolge dieser Krise musste oder durfte ich, wie schon erwähnt, manches lassen, was mein Leben eher belastete und schwermachte: im Außen in Bezug auf Arbeit und Arbeitspensum, im Innen in Bezug auf mein Selbstbild und mein Selbstverständnis, wer ich denn zu sein hätte oder sein müsste.

Nachdem ich diese Krise überstanden habe, merke ich jetzt, dass mein Leben deutlich leichter, gelassener, nicht mehr so schwer, weniger stressig, strukturierter, und mein Herz freudiger ist. Ich habe manche Erwartung, die ich selbst und andere an mich hatten, losgelassen, manche Aufgabe, die ich mir selbst auf die Schultern gelegt hatte, einfach sein gelassen oder zurückgegeben. Ich bin offener geworden für all das Schöne, das das Leben bereithält und mir jeden Tag geschenkt wird. Wenn ich mich überhaupt definieren muss, dann könnte das heute so lauten: Das Leben ist ein Geschenk, ich bin jemand und habe einen Wert, weil ich lebe. Und weil Gott mich so, wie ich bin, gewollt hat.

In meiner Wahrnehmung haben Theologen und auch Kirche manchmal die Tendenz, Gott und Glauben komplizierter zu machen als er ist – also eben das Gegenteil von leicht und verständlich. Dazu trägt sicher auch bei, dass es so etwas wie eine festgeschriebene Glaubenslehre gibt, die in ihren Formulierungen für »Normalsterbliche« unverständlich und in den Aufgaben, die einem Gläubigen gestellt werden, anspruchsvoll und moralisch herausfordernd sind.

Daher empfinden viele Menschen den Glauben heute eher wie eine Last als etwas, das ihnen zum Leben hilft. Wie leicht und einfach er aber sein kann, erfahre ich immer wieder im Umgang mit jungen Menschen: Die Firmlinge hatten sich für den Firmgottesdienst den Abschnitt aus dem Neuen Testament ausgesucht, in dem Jesus den Sturm auf dem See beruhigt (Mk 4,35–41). Ich fragte einen von ihnen, warum sie gerade diese Textstelle gewählt hatten. Er antwortete: »Ist doch klar: Hier wird erzählt, dass Gott nicht kaputtzukriegen ist.« Spontan habe ich ihm geantwortet: »Behalte diesen Satz und du weißt alles, was du vom Glauben für dein Leben wissen musst.« Es reicht doch zu wissen: Gott ist stärker als alles und er gibt mir die Kraft, meinen Lebensweg zu gehen.

Vielleicht ist es auch meinem rheinischen Gemüt geschuldet, dass es mir ein Anliegen und Bedürfnis ist, die (Glaubens-)Dinge nicht komplizierter zu machen als sie sind. Der Niederrheiner sagt gerne: »Man kann sich das Leben schwer machen, ist aber nicht dazu verpflichtet!« Das meint nicht, dass ich alles leichtnehmen soll, schon gar nicht auf die leichte Schulter. Vielmehr ist damit eine Haltung gemeint: Gelassenheit, Gottvertrauen und die Zuversicht, dass am Ende alles gut wird. Sie kann helfen, dass ich mir nicht immer über alles und jedes den Kopf zerbreche, mich nicht für alles verantwortlich fühle, nicht alles sofort lösen und jeden Tag die Welt retten muss, sondern es einfach auch mal gut sein lassen kann, wie es ist.

Die Durchreise

Wenn wir Mönche uns durch unsere Gelübde für immer an eine benediktinische Gemeinschaft binden, gehört dazu auch das Versprechen der »stabilitas«. Das meint: das Bleiben in einem Kloster, an einem Ort, für das ganze Leben. Für Benedikt hat diese Stabilität mit Einwurzelung zu tun und damit, einer Ordnung und einem Rhythmus zu folgen und darin Halt und Orientierung zu finden. Aber wie das eben so ist, wenn man lange an einem Ort lebt, es verleitet dazu – auch Mönche! –, Dinge anzusammeln und zu horten.

In seiner Regel schreibt Benedikt, dass der Mönch »den unberechenbaren Tod täglich vor Augen haben« (RB 4,47) soll. Diese Empfehlung ist die Erinnerung daran, dass wir, wie es in unserem Beerdigungsritus bei der Segnung des Sarges heißt, »hier keine bleibende Stätte haben«. Trotz seiner Bindung und dem Bleiben an einem Ort ist der Mönch – und jeder Mensch – ein Pilger, der unterwegs ist und dessen irdischer Weg einmal mit dem Tod endet.

Gerade bei reichen Leuten hat man früher häufig gesagt: »Das letzte Hemd hat keine Taschen.« Man kann nichts von dem, was man hier im Leben angesammelt, gespart, gehortet hat, mit über die Schwelle nehmen. Im Tod sind alle Menschen gleich arm oder reich.

Eine Geschichte aus der spirituellen Tradition erzählt: Ein Wanderer wurde in den Bergen von einem schweren Gewitter überrascht. Er suchte Zuflucht in einem Kloster, und weil seine Kleider völlig durchnässt waren, luden ihn die Mönche ein, im Kloster zu übernachten. Dankbar nahm der Wanderer die Einladung an. Interessiert schaute er sich ein wenig im Kloster um und war überrascht über die äußerst einfache Einrichtung der Zellen. »Wo habt ihr denn eure Möbel?«, fragte er schließlich einen der Mönche. Statt ihm eine Antwort zu geben, stellte dieser ihm die Gegenfrage: »Und Sie? Wo haben Sie Ihre Möbel?« Der Gast schüttelte den Kopf über so viel Unverstand. »Nun ja, ich bin doch nur auf der Durchreise!« »Sehen Sie?«, antwortete der Mönch mit einem hintergründigen Lächeln. »Das sind wir auch!«

Die Einsicht, dass ich nur auf der Durchreise bin und ich, wie man sagt, auf die letzte Reise nichts mitnehmen kann, lenkt meinen Blick auf das, was im Leben für mich wesentlich ist und worum es eigentlich geht, was der eigentliche »Proviant« in meinem Rucksack sein sollte, der mir das Leben und die Lebensreise leichter macht. Und wie wenig man dann wirklich braucht, wurde mir immer bewusster, als ich, wie oben erwähnt, meinen Pilgerrucksack immer weiter leerte. Dabei war ich doch nach jedem Aussortieren der Überzeugung, dass ich das, was sich jetzt noch im Rucksack befand, unbedingt brauchen würde. Dann aber wurde ich stets eines Besseren belehrt. Ich denke, dass dieser Gedanke auch oft beim Aufbewahren von Dingen eine Rolle spielt: »Das kann man irgendwann bestimmt noch mal brauchen.« Und dann bleiben diese Sachen ewig im Regal, im Keller, im Abstellraum oder anderswo liegen und werden eben doch nie gebraucht.

Benedikt ist in dieser Hinsicht sehr entschieden. Er schreibt in Bezug auf Besitz: »Keiner habe etwas als Eigentum, überhaupt nichts, kein Buch, keine Schreibtafel, keinen Griffel, gar nichts« (RB 33,3).

Er sah Eigentum sicher auch deshalb kritisch, weil er ahnte, dass die Mönche untereinander neidisch sein würden, weil der eine mehr hat als der andere. Das Leben im Kloster sollte ja gerade betonen, dass alle dort gleich sind, egal, woher sie kommen, also ob sie aus einer reichen und gebildeten Familie stammten oder ärmste Bauern waren. Hier sollten alle gleich behandelt werden, einfach nur Menschen sein. Benedikt ahnte aber auch, dass der Besitz, den die Mönche mit ins Kloster bringen, die Gefahr birgt, dass Dinge angesammelt und verwahrt werden, ohne dass sie jemals wirklich notwendig gebraucht würden, denn eigentlich braucht man im Klosterleben nicht viel mehr als das, was man am Leib trägt.

Dennoch können auch Klöster dieser Gefahr nicht ganz entgehen. Bis heute ist das so. Ich staune immer, wie schnell sich freiwerdende Räume wie zum Beispiel aufgegebene Werkstätten in unserer Abtei in Lagerräume verwandeln und was sich hier alles ansammelt oder vielmehr anstaut. Man fragt sich: Wo sind all diese Dinge vorher aufbewahrt worden? Oder hat man zuvor mehr entsorgt und jetzt, da mehr Raum vorhanden ist, wird es einfach aufbewahrt?

Für Benedikt ist klar – und er hält das sogar in der Regel fest –, dass jeder Mönch folgende Sachen zur Verfügung haben soll: »Kukulle, Tunika, Socken, Schuhe, Gürtel, Messer, Griffel, Nadel, Tuch, Schreibtafel« (RB 55,19). Dabei werden diese Dinge dem Mönch zur Verfügung gestellt, bleiben aber im Besitz des Klosters, gehören ihm also nicht. Wenn jeder Mönch diese Dinge erhält, so »kann sich keiner damit entschuldigen, es habe ihm etwas Notwendiges gefehlt« (RB 55,19).

Das ist fast wie bei meinem Rucksack auf dem Pilgerweg. Mehr war da auch nicht drin: Wäsche für zwei Tage, zwei

Paar Schuhe, Waschmittel, Hygieneartikel, Regenschutz, Tagebuch, Bibel, zwei Liter Wasser.

Der heilige Franziskus, der siebenhundert Jahre nach Benedikt gelebt hat, war in dieser Hinsicht noch radikaler. Er verstand seinen Orden als Gegenbewegung zur Kirche, die in seiner Zeit zu einer der reichsten und mächtigsten Kräfte in der Gesellschaft geworden war. Als Kritik an dieser Art von Institution, die sich so sehr von dem Menschen unterschied, auf den sie sich berief, verbat er seinen Mönchen sogar, feste Behausungen, also Klöster zu bauen. Erstens habe Jesus auch als Wanderprediger ohne festes Heim gelebt, meinte er. Und zudem: Habe man erst einmal Besitz, dann müsse man sich um diesen auch kümmern und würde ganz bald seine Energie für den Erhalt dieses Besitzes verwenden. Die Folge: Man wird gierig und möchte immer mehr besitzen.

Ähnliches kennen wir aus dem Buddhismus. Hier spricht man von »Anhaftung«. Ziel des Gläubigen ist es, von solchen Anhaftungen frei zu werden. Die Gier nach mehr ist die Wurzel für diese Anhaftung des Menschen an den Besitz.

Nach Auffassung des Buddhismus haftet der Mensch aber nicht nur am Besitz, sondern auch an all seinen Emotionen – wie zum Beispiel Zorn und Wut, Kränkung, verletzter Stolz. Bleibe ich also sozusagen an diesen Gefühlen hängen, beeinflussen sie auch mein Verhalten. Es gibt beispielsweise Menschen, deren Leben durch erlittene Kränkungen bestimmt wird. Ständig fühlen sie sich als Opfer und entwickeln unter Umständen Vermeidungsstrategien, um sich zu schützen und eben nicht wieder verletzt zu werden. Mit dieser Haltung kommen sie aber nicht in ihre Kraft und auf ihren Lebensweg, sondern laufen, um im Bild zu bleiben, immer ein wenig »neben der Spur« oder im Kreis.

Das Ziel, von solchen und ähnlichen Anhaftungen frei zu werden, findet sich aber durchaus auch auf dem christlichen Lebensweg und als christliches Lebensziel. Jesus spricht davon, dass es darum geht, sich Schätze für den Himmel zu schaffen und nicht Reichtümer auf dieser Erde (vgl. Mt 6,19–20). Daran anschließend kann ich fragen: Was dient denn dem Menschen auf dem Weg zum Himmel? Und was hindert ihn? Wenn Benedikt vor Eigenbesitz warnt, dann sicher auch deshalb, weil er möchte, dass der Mönch frei ist und auf seinem Pilgerweg bleibt, sich nicht an irdische Dinge klammert.

Wenn heute jeder Mönch seine eigene Zelle hat (früher gab es große Schlafsäle, die gar nicht die Möglichkeit boten, viel Eigenes anzusammeln), dazu ein Büro oder eine Werkstatt, ist natürlich die Gefahr nicht unbedingt kleiner geworden, Dinge anzusammeln und an sie auch sein Herz zu hängen. Und das gilt nicht nur für die Mönche, sondern für jeden Menschen, der einen Ort hat, an dem er leben kann.

Es lohnt sich daher, sich einmal die Frage zu stellen: Was wäre, wenn das alles (mein Besitz, mein Eigentum) morgen nicht mehr da wäre? Die Bibel schildert eine solche Situation mehrfach: Dem reichen Hiob wird sein ganzer Besitz genommen, er ringt mit Gott, bleibt aber in seinem Gottvertrauen und lässt sich davon nicht abbringen. Im Gleichnis vom reichen Bauern erzählt Jesus von ebendiesem, der sich große neue Scheunen bauen ließ, um dort all sein Getreide unterzubringen und sich dann ein schönes Leben machen und seinen Reichtum genießen zu können. Dann aber spricht Gott zu ihm, bezeichnet ihn als Narren und kündigt ihm an, dass er noch in der gleichen Nacht sterben wird. Und fragt ihn, wem denn dann all das, was er angehäuft hat, gehören wird. Ihm auf jeden Fall nicht. Er verliert also alles und hat nichts vorzuweisen, was ihn vor Gott reich macht (vgl. Lk 12,16–21).

Mit solchen Geschichten lädt die Bibel ein, der Frage nachzugehen: Worauf kann ich wirklich bauen? Was von meinem Leben, von mir selbst bleibt sozusagen für die Ewigkeit?

Als ich einen Impuls zu einer der sogenannten Abschiedsreden Jesu, die er vor seiner Himmelfahrt hielt, für eine

Kirchenzeitung schrieb, ist mir in dieser Hinsicht noch einmal etwas klar geworden. In dieser Rede sagt Jesus in Bezug auf seine Freunde: »... sie (sind) nicht von der Welt (...), wie auch ich nicht von der Welt bin« (Joh 17,14). Ich denke, dass wir unsere wirkliche Heimat im Himmel haben, wie auch immer jeder Einzelne diesen Himmel definiert. Dahin sind wir unterwegs.

Der Buddhismus spricht davon, dass das Ziel des Menschen sei, in das Nirwana einzugehen. Das meint, frei zu sein von allem – und in eine große Einheit des Seins hineinzukommen. Christlich gesprochen kann man sagen: Es gibt im Menschen so etwas wie einen ewigen Kern, einen göttlichen Grund, der unzerstörbar ist und der ewig bleibt. Ob ich nun Buddhist oder Christ bin oder einem anderen Glauben anhänge, in jedem Fall bin ich unterwegs in eine Dimension, die ich nicht mit Geld kaufen kann, auf die ich aber auch vertrauen darf. Bin ich mit einem solchen Gottvertrauen unterwegs, dann werden auch Emotionen und andere Anhaftungen mich nicht mehr binden oder verwirren. Ich bin mehr als mein Besitz, mehr als meine Emotion, mehr als meine Kränkungen. Und je weniger ich an das Irdische anhafte, desto freier bin ich und desto leichter kann ich, wenn die Zeit gekommen ist, hinübergehen. Jesu Botschaft kann man in diesem Sinn zusammenfassen: »Lass los, was dich belastet, werde frei, fange neu an!«

Die Bibel schildert folgende Begegnung Jesu mit einer gelähmten Frau: »Am Sabbat lehrte Jesus in einer Synagoge. Dort saß eine Frau, die seit achtzehn Jahren krank war, weil sie von einem Dämon geplagt wurde; ihr Rücken war verkrümmt und sie konnte nicht mehr aufrecht gehen. Als Jesus sie sah, rief er sie zu sich und sagte: ›Frau, du bist von deinem Leiden erlöst.‹ Und er legte ihr die Hände auf. Im gleichen Augenblick richtete sie sich auf und pries Gott« (Lk 13,10–17).

Es geht, ganzheitlich gesehen, um Aufrichtung und Befreiung von dem, was unser Leben schwer macht. Es geht darum, aufrecht und aufgerichtet, nicht von Lasten und falschen Bindungen gebeugt, durchs Leben zu gehen. In diesem Sinn kann auch der kleine Mönch sein Aufräumen und Loslassen fortsetzen und schauen, was er wirklich für seine Lebenspilgerreise braucht.

»Um dieses Laster des Eigenbesitzes mit der Wurzel auszurotten, muss der Abt alles Notwendige geben: Kukulle, Tunika, Socken, Schuhe, Gürtel, Messer, Griffel, Nadel, Tuch, Schreibtafel; so kann sich keiner damit entschuldigen, es habe ihm etwas Notwendiges gefehlt.«

RB 55,18–19

»Vor allem dieses Laster muss mit der Wurzel aus dem Kloster ausgerottet werden. Keiner maße sich an, ohne Erlaubnis des Abtes etwas zu geben oder anzunehmen. Keiner habe etwas als Eigentum, überhaupt nichts, kein Buch, keine Schreibtafel, keinen Griffel, gar nichts. Den Brüdern ist es ja nicht einmal erlaubt, nach eigener Entscheidung über ihren Leib und ihren Willen zu verfügen. Alles Notwendige dürfen sie aber vom Vater des Klosters erwarten, doch ist es nicht gestattet, etwas zu haben, was der Abt nicht gegeben oder erlaubt hat. ›Alles sei allen gemeinsam‹, wie es in der Schrift heißt, damit keiner etwas als sein Eigentum bezeichnen oder beanspruchen kann. Stellt sich heraus, dass einer an diesem schlimmen Laster Gefallen findet, werde er einmal und ein zweites Mal ermahnt. Wenn er sich nicht bessert, treffe ihn eine Strafe.«

RB 33,1–8

»Den unberechenbaren Tod täglich vor Augen haben.«
RB 4,47

Fragen

Welche von den Dingen, die in deinen Räumen vorhanden sind, brauchst du wirklich?

Was erinnert dich an schöne Erlebnisse in der Vergangenheit, die du am lebendigsten in deinem Herzen aufbewahren kannst?

In welchen Momenten deines Lebens fühlst du dich leicht, gelassen? Warum gerade in diesen Augenblicken?

Übungen

◈ Stell dir vor, dein Leben ist eine Reise, ein Pilgerweg, und du müsstest dafür einen (Lebens-)Rucksack packen, der nicht zu schwer sein darf. Welche Gegenstände nimmst du mit? Welche Erinnerungen? Was sind wichtige Erfahrungen? Was hast du aus ihnen gelernt? Was muss unbedingt in deinem Rucksack sein? Was kannst du getrost loslassen?

◈ Diese Fragen kannst du dir auch bei deinem Aufräumen stellen und danach aussortieren: Was sollte wirklich in deinem Lebensrucksack vorhanden sein? Was kannst du loslassen?

◈ Überlege dies auch für deine Emotionen, die dich noch binden, zum Beispiel Wut, Zorn oder Kränkungen.

»Nur wer loslässt, hat die Hände frei«, wiederholte der kleine Mönch noch einmal. »Aber das ist leichter gesagt als getan!«, jammerte er. »Jedes Andenken hier im Regal, die Schreibfeder, die Stifte, der Kalender, die Sportschuhe – sie sind ein Teil von mir, ein Teil meines Lebens!« Seine Stimme wurde anklagender: »All das hier erfüllt mich, macht mich ganz und zu dem, der ich bin!«

Wütend ließ er sich auf den Stuhl plumpsen – und landete mit einem lauten Knall auf dem Boden, weil er nicht daran gedacht hatte, dass er den Bücherstapel auf dem Stuhl abgelegt hatte.

»Himmel nochmal!«, fluchte er laut und wischte den Bücherstapel voller Zorn von der Sitzfläche.

Als er aufblickte, stand der Novizenmeister in der Tür, der die Zelle nebenan bewohnte. »Was machst du für einen unerträglichen Lärm?«, fragte er ungehalten.

»Es tut mir leid«, sagte der kleine Mönch, der sich plötzlich nur noch müde und traurig fühlte. »Aber schau dich einmal um – ich weiß einfach nicht, wo ich mit dem Aufräumen anfangen soll!«

Der Novizenmeister überlegte kurz, dann zeigte er auf fünf Bleistifte, die auf dem Schreibtisch lagen, und fragte: »Mit wie vielen Händen schreibst du?« »Natürlich nur mit einer!«, antwortete der kleine Mönch. »Und warum hast du dann fünf Stifte? Ein Stift für die Hand, einer als Reserve, das sollte doch genügen?« Diese Frage traf den kleinen Mönch. Er verstand und nickte kurz.

Der Novizenmeister zeigte zur Teekanne: »Nimm die Kanne in die Hand. Was fühlst du?« Der kleine Mönch nahm sie, schloss die Augen und begann feierlich: »Diese Teekanne habe ich in Japan von Meister Basho geschenkt bekommen.«

»Und?«, unterbrach ihn der Novizenmeister: »Macht sie dich glücklich?« »Glücklich?«, fragte der kleine Mönch erstaunt. »Nein, sie steht nur hier als Erinnerung.« »Wann hast du sie zum letzten Mal verwendet?«, bohrte der Novizenmeister weiter. »Verwendet habe ich sie noch nie«, antwortete der kleine Mönch. »Aha«, machte der Novizenmeister. »Und wenn du nun den Platz im Regal anschaust: Was macht dich glücklicher? Die Kanne in deiner Hand oder der freie Platz im Regal?«

Der kleine Mönch schaute abwechselnd zur Kanne und zum Regal: »Es wäre schon schöner, wenn ich den Platz im Regal behalten könnte«, sagte er.

»Und was ist damit?«, fragte der Novizenmeister und zeigte auf eine der Muscheln vom Strand. »Die machen mich glücklich!«, sagte der kleine Mönch schnell. »Schau nur, wie schön sie sind: diese schimmernde Farbe, diese Form!«

»Mhm«, machte der Novizenmeister nachdenklich. »Die Steine und die Muscheln schauen mir aber doch recht verstaubt aus ...« »Ach, das ist nur ... das ist nur, weil ich sie so selten abstaube, und weil ich sie nur ab und zu in die Hand nehme. Ich komme ja kaum dazu«, sagte der kleine Mönch, fast ein wenig traurig.

»Du solltest dir überlegen, ob du die schöne Erinnerung an den sonnigen Strand mit seinen Muscheln und Steinen nicht lieber im Herzen bewahrst, als unter einer Staubschicht im Regal«, antwortete der Novizenmeister.

Er blickte auf den Bücherstapel, der jetzt verstreut auf dem Boden lag. »Dieses Buch hier: ›Einführung in das meditative Bogenschießen‹ – ich wusste gar nicht, dass du unter die Bogenschützen gegangen bist?«

»Nein, das bin ich nicht! Ich hatte mir das Buch gekauft, weil das Thema so interessant klang«, antwortete der kleine Mönch.

»Und wann beginnst du mit dem meditativen Bogenschießen?«, forschte der Novizenmeister weiter.

»Ich ... weiß nicht«, stotterte der kleine Mönch unsicher, »vielleicht in ein paar Monaten ...« »Oder vielleicht auch nie?«, fragte der Novizenmeister weiter.

»Vielleicht«, sagte der kleine Mönch resigniert.

»Dann wäre es wohl besser, du könntest auch hier loslassen. Du kennst doch das Wort des Predigers: ›Alles hat seine Stunde. Für jedes Geschehen unter dem Himmel gibt es eine Zeit: eine Zeit zum Behalten und eine Zeit zum Loslassen.«»

Dann läutete die kleine Glocke des Klosters, und die beiden gingen schweigend zum Mittagsgebet.

Der kleine Mönch arbeitete wirklich hart in den nächsten Tagen: Schritt für Schritt und Stück für Stück betrachtete er seine Sachen ganz genau, mit den Augen und mit dem Herzen. Die Kiste, auf die er mit großen Buchstaben »Loslassen« geschrieben hatte, war schon gut gefüllt.

Als er mit dem Aufräumen fertig war, blickte er sich zufrieden um: Die Gießkanne stand wieder

auf ihrem Platz am Fenster (die Blumen hatte er schon gegossen), die Sportschuhe standen neben der Tür, zwei Stifte lagen schreibbereit mit dem Spitzer und dem Radiergummi (den hatte er unter ein paar alten Prospekten gefunden) auf dem Schreibtisch, kurzum: Alles war an seinem Platz.

»Was für eine wundervolle Aussicht!«, sagte der kleine Mönch feierlich.

Dann setze er sich aufs Bett, nahm das Buch, das er sich beim Aufräumen auf seinem Nachttisch bereitgelegt hatte, schlug es auf und fügte hinzu: »Und morgen beginne ich mit dem Bogenschießen!«

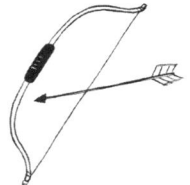

Alles hat seinen Platz

Ich werde nie den Augenblick vergessen, als sich mir an einem Wintermorgen im Dezember 1999 eine wundervolle Aussicht bot. Ich nahm die letzte Biegung meines Pilgerweges und kam so an dem Ort meiner Sehnsucht an. Ich sah auf die Stelle, die drei Monate lang jeden Tag in meinem Kopf und in meinem Herzen gewesen war: die alte Pilgerkirche von Santiago de Compostela, in der der Überlieferung nach der heilige Jakobus begraben liegt und zu der im Lauf der Kirchengeschichte unzählige Pilger gezogen sind. Ich konnte es noch gar nicht richtig fassen – ich war angekommen, hatte den Weg bewältigt und spürte in diesem Moment nur eins: pure Freude. All die Zweifel, die Schwierigkeiten, die anstrengenden Herausforderungen waren vergessen.

Auch der kleine Mönch ist angekommen. Aus seinen Worten: »Was für eine wundervolle Aussicht!« spricht die reine Freude. Und die Erleichterung, die ihn erfüllt. Der Weg war auch für ihn kein einfacher. Jetzt endlich hat er aber das Ziel erreicht: Alles ist an seinem Platz. Nichts fehlt in seiner Zelle, nichts ist zu viel, nichts zu wenig. Nichts steht ihm mehr im Weg, alles ist aufgeräumt. Nun kann er nur noch eins tun: die wundervolle Aussicht, die sich ihm bietet, genießen.

Um genau dort anzukommen, hatte er noch einmal all seine Kraft zusammengenommen und mehrere Tage lang aufgeräumt, sortiert, losgelassen. Wieder war es das Gespräch mit einem Mitbruder, das ihm den Mut gab, die entscheidende Biegung seines Weges zu nehmen. Und diese führte ihn zu seinem Herzen. Dort, so lehrt ihn der Novizenmeister, dessen Aufgabe es ist, junge Mönche in das klösterliche Leben einzuführen und damit auch in das, was wirklich wichtig ist auf diesem Weg, wird das Wesentliche bewahrt. Wesentliches wie schöne und wichtige Erlebnisse im Leben, nicht aber nie genutzte und längst vergessene Dinge.

So ist nun alles in bester Ordnung und an seinem Platz – in seiner Zelle und in seinem Herzen. Aufgehoben hat er in seinem Wohnraum nur die Dinge, die ihn glücklich machen und in seinem Herzen, seiner »inneren« Zelle bewahrt er jetzt das Wesentliche auf – wichtige Erinnerungen und Erfahrungen aus seinem Leben.

Wenn ich mir das bildlich vorstelle, ist nun nichts mehr zu spüren von der Enge am Anfang, von dem Gefühl des Zuviel, vielleicht sogar dem Eindruck: Hier hat man keine

Luft zum Atmen. Die aufgeräumte Zelle dagegen, in der alles an seinem Platz ist, schenkt Raum und Klarheit – und das unabhängig von der Quadratmeterzahl eines Raumes.

Mich erinnert das wiederum an die Neugestaltung unserer Tagesordnung. Sie ordnet bei uns die Zeit-Räume, in denen wir tagtäglich leben, und gibt uns als Gemeinschaft eine verbindliche Struktur. Deshalb war für uns Mönche bei der Neuordnung eine wichtige Frage: Ist hier alles an seinem Platz? Ist unser Gebet am Morgen zu früh? Oder manches Gebet zu lang? Braucht eine Gebetszeit eine andere, neue inhaltliche Akzentuierung? Müssen wir etwas aussortieren? Erreicht unser Beten, unser Gottesdienst, unser gemeinsames Leben unser Herz oder ist es ein rein äußeres Ritual, ein Miteinander-Leben, von dem wir denken, dass es wesentlich ist, aber uns nicht erfüllt? Alles soll ja so geordnet sein, dass es uns Mönchen guttut, uns Raum zum Atmen gibt, uns klar und wesentlich werden lässt.

Seitdem wir begonnen hatten, über dieses Thema zu diskutieren, war uns daher klar, dass es bei einer solchen Neuordnung unseres Lebensrhythmus nicht nur darum geht, die eine oder andere Gebetszeit früher oder später zu beginnen. Vielmehr ging es darum, dass Änderungen Raum geben müssen, die vollzogenen Rituale tiefer zu durchdringen und ihren Sinn zu erfassen. Denn wenn wir zu unseren Gebetszeiten in unsere Kirche einziehen, betreten wir ja nicht nur einen Kirchenraum. Vielmehr betreten wir gleichzeitig unseren Innenraum, unsere »innere Zelle«.

Wir treten dort ein, wo Gott wohnt, wo er uns ganz nahe ist. Der heilige Paulus spricht von unserem Leib als dem Wohnort Gottes (vgl. 1 Kor 3,16–17).Hier bin ich sozusagen auf Du und Du mit Gott. Das Gebet will unsere innere Zelle reinigen und klären. Damit wirklich nichts zwischen mir und dem Heiligen steht. Zwischen dem, der meine klare Kraftquelle sein will, und mir. Man könnte auch sagen: Unser gemeinsames Gebet, das fünf Mal am Tag stattfindet, ist unsere Herzkammer, in der Wesentliches geschieht. Es ist unser Zentrum, aus dessen Vollzug wir leben.

Im Gebet und vor diesem Gott dürfen wir auch alles loslassen, was uns belastet. Das Gebet an der Schwelle zur Nacht, die Komplet, bringt das ausdrücklich zur Sprache. Hier wird die Bitte an Gott herangetragen, dass er uns unsere Sünden nachlasse. Anders gesagt: Er möge alles nehmen, was unser Leben schwer macht und uns belastet. Wir bitten, dass wir es loslassen können, damit der Lebensrucksack eines jeden leichter werde.

Um in dieses Beziehungsgeschehen noch tiefer eintreten zu können, haben wir am Ende unseres Diskussionsprozesses unter anderem beschlossen, die Laudes, unser Morgenlob, zu singen. Zuvor hatten wir sie in einem Sprechton rezitiert. Eine Schwester, die mehrere Tage bei uns zu Gast war, meinte, dass unsere Laudes aber eine »magersüchtige« Laudes sei. Der Begriff ist uns sehr bewusst geblieben. Nicht zuletzt aufgrund dieser Äußerung gingen wir dazu über, sie zu singen. Das gibt uns eine andere Dynamik, sozusagen einen lebendigen Schwung in den Tag hinein. und das entspricht der Laudes, weil sie ein gesungenes Lob des neuen Lebens ist, das täglich am Morgen erwacht – in der Natur und in uns.

Hinzu kam die Entscheidung, die Eucharistie, das Abendmahl, nicht mehr täglich zu feiern, um es nicht alltäglich werden und es nicht zur Routine verkommen zu lassen. Damit dies geschehen kann, reduzierten wir diese Feier auch auf ihre wesentlichen Elemente. Wir sortierten aus, was nicht unbedingt hineingehört. Wesentlich ist, dass die Mitte dieser Feier deutlich hervortreten kann: Christus, der nach katholischer Überzeugung im gebrochenen Brot anwesend ist und uns Nahrung und Stärkung auf dem Lebenspilgerweg sein will. Die Tatsache, dass wir in der Ordnung unserer Tagzeiten die Eucharistiefeier jetzt später beginnen, gibt uns den Raum, nach unserem Morgengebet ausreichend lang in die Stille gehen zu können, um eine persönliche Zeit der Meditation zu haben. Vor der Neuordnung reichte die Zeit zwischen Morgengebet und Eucharistiefeier gerade einmal für einen Kaffee und um kurz frische Luft zu schnappen. Da entstanden oft Eile und Hektik, die unserer Seele nicht guttaten.

Genau das will die klösterliche Ordnung, die einzuhalten manchmal viel Disziplin erfordert und manchen als streng erscheint: guttun, den Einzelnen in Entspanntheit und Gelassenheit führen, dem Leben und der Lebendigkeit dienen. Sie will Raum geben für Wesentliches. Das gilt auch für unsere gemeinsamen Mahlzeiten am Mittag und Abend. Wir nehmen uns täglich die Zeit, die wir brauchen, um miteinander in Ruhe essen zu können. Damit geben wir dem Leib die Aufmerksamkeit und den Raum, die er braucht. Dabei geht es aber nicht nur um Nahrungsaufnahme, das gemeinsame Essen tut auch der Seele gut und hat eine andere Qualität, als wenn ich mal eben einen Burger oder ein Brötchen im Stehen einschiebe oder gar über Mittag durcharbeite.

Auch die Zeiten, die für unsere Arbeit reserviert sind, möchten Raum bieten, dass jeder sein Charisma entfalten kann und darin Sinn erfährt. Denn das ist ebenso wichtig: dass jeder im großen Gefüge des Klosters an seinem Platz ist und seine Aufgabe erfüllt. Am Abend kommen wir vor dem Nachtgebet noch einmal zur gemeinsamen Rekreation zusammen. Hier ist Raum gegeben, der der Erholung und der Gemeinschaft dient. Man tauscht sich aus, diskutiert, lacht. Das ist stärkend auf dem Weg.

So also ist alles für uns Notwendige und Wesentliche in unserer Tagesordnung an seinem Platz. Eine solche Ordnung hat den Vorteil, dass ich nicht jeden Tag das Rad neu erfinden muss. Ich muss nicht jeden Morgen erst einmal meinen Tag strukturieren und überlegen, wann für was Zeit ist, wann ich für welche Bedürfnisse und Notwendigkeiten im Lauf des Tages Raum habe. Wenn ich aufstehe, weiß ich, wie mein Tag läuft. Ein Mitbruder sagte einmal in einem Interview mit einem Schmunzeln, dass er jetzt schon wisse, dass er im Jahr 2035 an diesem bestimmten Tag, der natürlich ein Sonntag sein wird, beim Abendessen ein Bier bekommen wird. Und das, weil es so halt bei uns jeden Sonntag ist.

Eine solche Routine und Regelmäßigkeit kann zunächst den Eindruck von Langeweile erwecken. Immer und ewig das Gleiche, ohne Abwechslung, Aufregung, Spannung. Immer läuft alles gleich nach Schema F. Ich empfinde es jedoch als genau das Gegenteil: Unsere Lebensordnung mit ihrer Routine, in der alles und jeder seinen festen Platz hat, ist absolut befreiend. Ich muss eben nicht ständig Energie aufwenden, um meinen Tag zu planen. Ich muss nicht überlegen: Was mache ich jetzt? Wann habe ich Zeit zum Arbeiten, wann kann ich ausruhen, wann habe ich Zeit für Einkehr und Gebet? Diese Zeiten sind durch die Routine in meinen Alltag sozusagen eingebaut. Und ich habe so Kopf und Herz frei für andere wesentliche Dinge und kann meine Energie in meine Aufgaben hineinfließen lassen.

Eine solche Struktur, die Energien freisetzt für Wesentliches und gleichzeitig für alles Notwendige sorgt, die mir, meinem Leib, meiner Seele und anderen dient, ist genauso wichtig für Menschen, die außerhalb des Klosters leben. Gerade jetzt in Zeiten der Pandemie, wo viele Familien gezwungen sind, den ganzen Tag zu Hause zusammen zu verbringen: Die Eltern arbeiten im Homeoffice, die Kinder haben ihre Schulstunden online. Da braucht das Zusammenleben eine neue und gute Organisation. Das gilt aber nicht nur in Ausnahmezeiten, sondern eigentlich generell für einen Alltag, der funktioniert und dessen Struktur dabei hilft, nicht jeden Tag wieder neu klären zu müssen: Wer übernimmt welche Aufgabe? Wer kauft diese Woche ein? Wer bringt den Müll weg? Wer sorgt für die Mahlzeiten? Wann wird gegessen? Wer kümmert sich um die Haustiere, den Abwasch, die Wäsche? Das spart Energie, vermeidet Konflikte und schlechte Stimmung, und fördert das Miteinander.

Eine solche Aufteilung braucht aber auch Gestaltung, also ein bewusstes Tun und auch immer wieder einmal die Infragestellung, das heißt: Passt das alles noch so, wie wir unseren Alltag gestalten? Tut es uns gut? Hilft es uns?

Sonst lebt man nur noch nebeneinander her, die Routine wird zum Korsett und damit zum Gegenteil von Freiheit. Und das ist oft eine ziemliche Herausforderung, diese Balance zu halten.

Jedes Jahr in meinem Urlaub bin ich überrascht, wie sehr sich meine klösterliche Routine in mein Innen eingeprägt hat: Täglich wache ich um halb fünf morgens auf. Auch ohne Wecker. Und dann bin ich wach. Es scheint so zu sein, dass es sozusagen in mir steckt, eingeprägt durch eine äußerlich sich wiederholende Ordnung des Tages. Ich kann dann auch nicht wieder einschlafen. Aber ich genieße es, früh aufzustehen, Ruhe und Zeit zu haben und zum Beispiel einen Spaziergang in der erwachenden Natur zu machen. Es ist für mich etwas Wunderbares, zu dieser Tageszeit draußen zu sein, den Sonnenaufgang zu erleben, die ersten Vögel singen zu hören. Das ist dann im Urlaub meine Laudes, mein Gebet. Es muntert die Seele auf und gibt mir einen lebendigen Schwung in den Tag. Und anschließend habe ich einen ganzen langen Tag vor mir, den ich genießen und gestalten kann.

Das Wohltuende einer eingespielten Ordnung und Routine gilt auch für das Aufräumen, für die Grundordnung in meiner Wohnung. Habe ich erst einmal eine solche Grundordnung geschaffen, in der alles an seinem Platz ist, dann habe ich eine wundervolle Aussicht bzw. klare Übersicht und weiß, wo sich was befindet. Dann kann ich Dinge, die ich benutzt habe, auch einfach wieder an ihren Platz zurücklegen und muss nicht erst überlegen, wo ich sie hintun könnte. Zudem finden andere sie ebenfalls wieder und müssen nicht erst danach suchen, wenn sie sie brauchen. Ich kann die Dinge dann sozusagen blind finden, so wie ich mich blind auf meine Tagesroutine verlassen kann, ohne groß darüber nachdenken zu müssen. Es ist der Schlüssel für eine aufgeräumte Wohnung, aber auch für ein »sortiertes« Leben: dass alles seinen Platz findet.

Das weite Herz

Betritt ein Besucher das an unsere Pforte angegliederte Informationszentrum, so wird er zunächst durch einen schmalen Gang geführt, bevor er in zwei weite, große Räume kommt, in denen er Informationen über das Klosterleben, unsere Abtei und deren vielfältige Tätigkeiten in der Welt bekommt. Ehe der Raum sich weitet, muss der Besucher also diese Engstelle passieren. Hier ist erfahrbar umgesetzt, was Benedikt im Vorwort zu seiner Regel vom Weg des Mönches sagt: »Fliehe nicht vom Weg des Heils; er kann am Anfang nicht anders sein als eng« (RB Prolog 48).

Und weiter heißt es: Wer aber im klösterlichen Leben voranschreitet, »dem wird das Herz weit« (RB Prolog 49). Er meint hier die Erfahrung, die auch der kleine Mönch gemacht hat: Der Weg zum Ziel ist oft schwierig, eng, am Anfang sehr anstrengend. Aber wenn man durchhält, kann man am Ende die wundervolle Aussicht, Weite und Freiheit genießen.

In der Nähe unserer Abtei liegt der Schwanberg. Hier ist eine evangelische Schwesterngemeinschaft anges edelt, die nach der Regel Benedikts lebt. Eine ihrer Aufgaben ist die Betreuung des Friedwaldes, der sich in dem an das Kloster angrenzenden Forst befindet. Bevor eine Urne dort beigesetzt wird, wird sie und damit der verstorbene Mensch noch einmal gesegnet. Für diese Segnung haben die Schwestern auf dem Weg in den Wald einen Platz gestaltet, auf dem eine Bronze-Skulptur steht: der Schutzmantel-Christus. Schon beim ersten Mal, als ich diese Skulptur sah, hat sie mich tief berührt. Christus ist in einen weiten Mantel gehüllt und hat seine Arme ausgebreitet. Unter dieser Geste und seinem Mantel sind alle geborgen, beschützt, behütet: Junge und Alte, Gesunde und Kranke, Starke und Schwache. Es ist die Darstellung von Barmherzigkeit und damit auch von einer großen »Weite des Herzens«, die in der benediktinischen Spiritualität nicht nur eine große Rolle spielt, sondern sogar das eigentliche Ziel des mönchischen Lebens ist. Diese Weite des Herzens macht es in meinen Augen möglich, dass ein Mensch weder an anderen und deren Schwächen noch an sich selbst und seinem Schatten verzweifelt, sondern immer wieder mutig aufsteht und weitergeht. Einer der für mich wunderbarsten Sätze in der Regel Benedikts unterstreicht dies: »Und an der Barmherzigkeit Gottes niemals verzweifeln« (RB 4,74).

Mir kommen Menschen in den Sinn, die etwas von dieser Weite und Barmherzigkeit ausgestrahlt haben. Als ich mich in meiner Krise neu geordnet und innerlich aufgeräumt habe, ist in mir eine neue, intensivere Beziehung zu meinem Vater entstanden, der starb, als ich sechzehn Jahre alt war. Es ist auch eine neue Beziehung zum Väterlichen in mir. Hier gibt es eine Verbindung zu dem, was ich meiner Bezeichnung nach bin: Pater Zacharias. Pater ist das lateinische Wort für »Vater«. Wer diese Bezeichnung trägt, soll auch »Vater« für die Menschen sein – und für sich selbst.

Mein Vater war dreißig Jahre älter als meine Mutter, hatte den Zweiten Weltkrieg erlebt und einige Jahre in französischer Kriegsgefangenschaft verbracht. Er sprach nie über diese Zeit, aber er trug bestimmt viel Schweres in sich. In den sechzehn Jahren, die er mich in meinem Leben begleitet hat, habe ich von ihm kein böses Wort gehört. Woran ich mich erinnere, ist seine Wärme. Wenn ich zum Beispiel eine schlechte Schularbeit nach Hause brachte, sagte er nur: »Beim nächsten Mal wird's besser!« Seinen gütigen Blick auf mich werde ich nie vergessen.

Auch mein geistlicher Begleiter gehört zu diesen väterlichen Menschen in meinem Leben. Er ist ein bodenständiger, geerdeter, spiritueller Familienvater, der durch die Begleitung unzähliger Menschen weiß, wie das Leben spielt, in welche Abgründe sie manchmal fallen. Welches Problem ich auch immer habe, welche Unsicherheit mich erfüllt, stets sagt er mit viel Gottvertrauen und großer Gelassenheit: »Das ist kein Grund zur Beunruhigung!« Barmherzigkeit, Vertrauen, das ist es, was ich bei ihm spüre. Höre ich diesen Satz, atme ich auf und weiß: Es geht weiter! Und wir schauen gemeinsam, wie der nächste Schritt aussieht, wie das Problem, das mich beschäftigt, zu lösen ist.

Eine solche Herzensweite, die einen sein lässt, einen an- und aufnimmt, erfahren auch immer wieder Besucher unserer Kirche. Ein Professor der Liturgiewissenschaft, der einmal bei uns zu Gast war, sprach davon, wie sehr er den großen Raum und den Platz, den die Kirche bietet, genossen habe. Er meinte, dass er sich darin nicht verloren gefühlt habe – was bei dieser Größe durchaus auch eine Möglichkeit wäre. »Hier konnte ich atmen und durfte ich sein«, sagte er. Hier wird noch einmal deutlich, dass Räume nicht nur innerlich leicht machen, sondern ebenso den eigenen Innenraum weiten können.

Das erfährt auch der kleine Mönch, als in seiner Zelle endlich alles an seinem Platz ist. Ein solcher Raum ermöglicht zudem Konzentration, weil er keine Ablenkung mehr bietet: Kein Buch, das herumliegt und in das man ja auch mal schnell reinschauen könnte. Nichts, das stört.

Damit bin ich am Ende dieses Buches wieder beim Anfang. Da ging es um Zentrierung und Einfachheit, um das
Notwendige, das in all meinen Lebensbereichen vorhanden sein soll. Es ging darum, alles Vorhandene wie heiliges Altargerät zu würdigen, die Dinge wertzuschätzen
und damit auch das Leben und meine Räume zu heiligen.
Wenn ich hier angekommen bin, in meinen Räumen, meiner Wohnung aufgeräumt habe, das Notwendige an seinem Platz ist, darf ich das Erreichte zunächst eine Weile
genießen, es vielleicht sogar feiern oder mich selbst mit
etwas Schönem belohnen. Anschließend kann ich mich
auf den nächsten Schritt fokussieren und mich fragen:
Was ist jetzt dran?

Es ist eine Frage, die Jesus so immer wieder Menschen
stellt, denen er begegnet und die sich Heilung von ihm
erhoffen: »Was willst du, dass ich dir tun soll?« (vgl. Lk
18,41). Das heißt anders formuliert: Was tut dir gut, was
brauchst du? In der Frage Jesu steckt die Herausforderung für den Gefragten, selbst die Antwort zu geben,
selbst zu entscheiden, was er braucht, und nicht davon
auszugehen, dass Jesus als der Messias doch wissen
muss, was ihm guttut.

Spannenderweise ist es gerade in der katholischen Kirche
ganz anders. Da sagt man den Gläubigen eher: »Ich weiß,
das wird dir guttun.« Oder man gibt ihnen Antworten auf

Fragen, die niemand gestellt hat. Oder man verlangt von ihnen, Entscheidungen, Anweisungen von Oberen, Vorgesetzten, Bischöfen oder des Papstes ungefragt hinzunehmen. Nicht selten wird mit Verweis auf den Glaubensgehorsam diese Akzeptanz eingefordert. Früher galt in der katholischen Kirche der Satz: »Roma locuta causa finita«, etwas frei übersetzt: Rom hat entschieden, damit ist die Sache erledigt und bedarf daher auch keiner weiteren Diskussion. Streng genommen erwartet die Kirche einen solchen Gehorsam von all ihren Gläubigen und nicht nur von denen, die in ihren Augen von Amts wegen dazu verpflichtet wären – wie zum Beispiel Priester und Mönche.

Gottseidank aber lassen sich zumindest im deutschsprachigen Raum notwendige Diskussionen nicht mehr verbieten. Wenn zum Beispiel mit Verweis auf ein entsprechendes Schreiben von Papst Johannes Paul II. immer wieder gesagt wird, die Kirche habe keine Vollmacht, Frauen die Priesterweihe zu spenden, die Diskussion aber dennoch weitergeht, weil Frauen von ihrer Berufung sprechen, die sie in sich spüren, dann wird deutlich: So einfach ist das nicht mit dem Gehorsam.

Die Mystiker aller Zeiten haben das Göttliche in jedem Menschen betont und darauf hingewiesen, dass jeder in der Kraft des Göttlichen Entscheidungen treffen und Antworten auf seine Fragen finden kann. Die Verantwortung, zu entscheiden, was gut für mich ist, kann ich nicht an andere delegieren.

Ich erinnere mich an eine Ordensschwester, die länger bei uns zu Gast war. Sie machte von Anfang an der Eindruck, dass sie in sich gefangen war, sich an ihre Ordensregeln klammerte. In ihrem Prozess bei uns merkte sie dann selbst, dass diese Art von Leben ihr nicht guttat. Sie trat aus ihrem Orden aus und entdeckte neben ihrer Freiheit auch den Weg, der zu ihrem eigenen Lebensweg wurde. Es wäre eine Chance für die Kirche, wenn sie sich auf die Frage Jesu besinnen würde: »Was willst du, dass ich dir tue?« Damit würde sie den Menschen, die zu ihr kommen, Unterstützung bieten, und sie dazu befähigen, ihren eigenen Weg zu finden, in ihrer göttlichen Würde und Kraft den Weg zu gehen, der für sie gut ist und ihnen gerecht wird, und ihnen nicht länger vorschreiben, wie dieser Weg auszusehen hat.

Eine mir nachhaltig in Erinnerung gebliebene Therapiestunde in meiner Krisen- Auszeit fand bei einer Emotionstrainerin statt. Warum ich in diese Krise geraten war, lag vor allem daran, dass ich das Gefühl hatte: Mir wird alles zu viel, ich kann so nicht mehr weiter. Wenn man so möchte: Mein Leben war zu voll, so wie das Zimmer des kleinen Mönchs. Ich wusste nicht mehr, wo ich mit Arbeiten anfangen sollte, irgendwie war alles gleich wichtig und gleich dringend. Auch das war wie beim kleinen Mönch: Sobald ich etwas in die Hand nahm, wusste ich nicht mehr, wo ich es ablegen sollte, weil dort schon etwas anderes lag, das darauf wartete, von mir erledigt zu werden. Ich hatte einfach den Überblick verloren.

Die Trainerin führte mir ganz greifbar und erlebbar vor Augen, wie mein Leben gerade ablief: Sie arbeitete in dieser Stunde mit zehn Gymnastikreifen. Zunächst brachte sie sie in Schwung, sodass sich alle gleichzeitig drehten. Meine Aufgabe war es, die Reifen in der Bewegung zu halten. Das bedeutete, ich musste von einem zum anderen gehen und sie immer wieder neu in Schwung setzen. Damit das gelang, rannte ich von einem zum nächsten und kam dabei ganz schön außer Atem. Am Ende gelang es mir aber nicht und ein Reifen nach dem anderen fiel zu Boden.

Der nächste Schritt war dann, herauszufinden, wie viele Reifen ich denn in der Bewegung halten konnte, ohne dass mir die Luft ausging und ich aus dem Tritt geriet. Die Trainerin nannte das meine »Komfortzone«. Gemeinsam fanden wir heraus, dass ich mich auf drei Reifen fokussieren konnte, ohne außer Atem zu kommen. Ein vierter Reifen konnte punktuell mit ins Spiel kommen, aber nicht dauerhaft. Übersetzt in mein Leben hieß das: Drei Aufgaben schienen für mich gut machbar, eine vierte kann immer mal wieder, aber nicht auf Dauer dazukommen. In der Praxis sind daraus meine heutigen Aufgaben entstanden: Schmiede, Gästehaus, Arbeit für den Verlag und das Schreiben von Büchern, Artikeln und Impulsen für Zeitschriften. Dann kommt immer wieder noch ein Tischdienst im Speisesaal hinzu, ein Dienst in der Liturgie oder Ähnliches. Diese sind aber für eine Woche anberaumt und fallen nicht dauerhaft an.

Mir persönlich tut meine Neuordnung gut, die Fokussierung und Konzentration auf die Aufgaben, von denen ich weiß, dass ich sie gut bewältigen kann. Diese Klarheit mag auch auf mein Innen wirken. Auf die Geschichte vom kleinen Mönch übertragen: Ich habe jetzt meine »innere Zelle« aufgeräumt, alles ist an seinem Platz, ich habe eine Routine gefunden, die es mir erlaubt, diesen drei Aufgaben nachzukommen – ich fühle mich also zurzeit sehr »aufgeräumt«, klar und kraftvoll, und genieße die Aussicht.

Aber jeder, der immer wieder mit Ordnung und Struktur kämpft, weiß, dass sich das Aufräumen nicht von selbst erledigt. Das heißt: Eigentlich schon – viel schneller, als es einem lieb ist! Wenn ich also die Dinge nicht wieder zurück an ihren Platz lege oder neue Sachen horte, die dann wieder irgendwo herumliegen, ist es mit meiner Aussicht schnell zu Ende. Ich muss also darauf achten, die Ordnung auch zu bewahren.

Einerseits liegt es zumindest mit in der Verantwortung des Abtes, keinen über sein Leistungsmaß hinaus zu beanspruchen. Dazu muss er erkennen, ob jemand ein »Jongleur« ist, der viele Aufgaben in der Luft und sich selbst dabei in Balance halten kann, oder er einer ist, der eine klare Struktur und Zuordnung braucht. Gerade in Zeiten, in denen wir Mönche weniger werden, die Arbeit aber gleichbleibt, besteht die Gefahr, dass einer zu viele Aufgaben übertragen bekommt. Daher ist es auch meine Verantwortung, darauf zu achten, dass »alles an seinem Platz bleibt«, dass ich also nicht so viel an Aufgaben übernehme, dass mich das wieder in völlige Unordnung stürzt. Hier ist Wachheit gefragt. Und es muss immer die Option geben, aus sich heraus Nein zu sagen, wenn ich spüre: Das, was ich jetzt noch zusätzlich machen soll, wird mir zu viel, das kann ich nicht.

Der 2021 neu gewählte Abt unserer Abtei Ndanda in Tansania wählte als Wahlspruch für seine Amtszeit: »Sikilize, ili ufike!« – »Höre, damit du ankommst!« Es sind die ersten und letzten Worte der Regel Benedikts: »Höre … und du wirst ankommen!« (RB Prolog 1; 73,9). Mit »Hören« meint Benedikt immer das Hören auf Gott, im Letzten das Hören auf die eigene innere Stimme. Wer dann den Mut hat, aufzubrechen, loszugehen, zu tun, was seinem Inneren entspricht, sich aufzuräumen und zu trennen von dem, was ihm nicht entspricht, der wird ankommen – bei sich selbst und in der klaren und aufgeräumten Gestalt seines Lebens.

»Alles hat seine Stunde. Für jedes Geschehen unter dem Himmel gibt es eine bestimmte Zeit (…): eine Zeit zum Suchen und eine Zeit zum Verlieren, eine Zeit zum Behalten und eine Zeit zum Loslassen.«

Kohelet 3,1.6

»Fliehe nicht vom Weg des Heils; er kann am Anfang nicht anders sein als eng.«

RB Prolog 49

»Höre …. – und du wirst ankommen.«

RB Prolog 1; RB 79,9

Fragen

Schau dich einmal in deiner Wohnung um: Hat bei dir alles einen festen Platz oder legst du die Dinge eher irgendwohin, wo gerade Platz ist?

Übertragen auf deinen Alltag: Hast du Routinen? Wenn ja: Tun sie dir gut? Stimmen sie so, entsprechen sie dir und deinen Bedürfnissen?

Wenn Nein: Würdest du dir Routinen wünschen? Was erwartest du dir davon? Hast du eine Idee, was das sein könnte oder wo du sie einbauen könntest?

Hast du das Gefühl, dass deine »innere Zelle« aufgeräumt ist?

Kannst du die Aussicht genießen?

Übungen

◇ Nimm dir einen Papp- oder Schuhkarton. Gestalte in ihm deine »innere Zelle«. Nimm dir Kleber, Schere, Zeitschriften, suche einige Materialien in der Natur. Suche, finde oder gestalte Symbole für all das, was in deiner »inneren Zelle« vorhanden sein soll (zum Beispiel die Blüte einer Blume als Symbol für Hoffnung, ein Stein für all das, was dir Fels, fester Halt ist). Alternativ kannst du auch eine Collage gestalten mit Fotos aus Zeitschriften und Zeitungen.

◇ Folge deiner Intuition! Betrachte das fertige Werk und genieße den Anblick! Spüre deinen Gefühlen nach und frage dich: Sieht deine »innere Zelle« so aus? Was kannst du als Nächstes tun, um dein Innen so zu gestalten? Was ist noch in dir, das aussortiert werden kann? Was darfst du hineinlegen und dazunehmen?

Mehr vom kleinen Mönch

Mit liebevollen Geschichten und vielen Impulsen.
Zum Schmunzeln und Schmökern, Nachdenken und
Inspirieren-Lassen!

Zacharias Heyes

**Der kleine Mönch
und die Sache mit der Stille**

127 Seiten, gebunden, illustriert, 12,0 x 19,5 cm
ISBN 978-3-7365-0280-2

Der kleine Mönch will noch sehr viel lernen und macht sich Gedanken. Wie ist das mit der Stille? Stille ist wertvoll. Aber wie
kann etwas wertvoll sein, das nur daraus besteht, dass nichts
anderes ist?
So macht sich Pater Zacharias Heyes mit dem kleinen Mönch auf
den Weg, den Dingen auf den Grund zu gehen und begibt sich auf
eine spannende und humorvolle Reise zu den Wurzeln der benediktinischen Spiritualität.

Ansgar Stüfe

**Der kleine Mönch
und das große Glück**

123 Seiten, gebunden, illustriert, 12,0 x 19,5 cm
ISBN 978-3-7365-0350-2

Der kleine Mönch ist in vielem ein Anfänger, auch wenn es um das
große Glück geht. Aber er ist auch ein Philosoph, der sich auf den
Weg macht, den Dingen auf den Grund zu gehen. Dabei erkennt
er: Das große Glück besteht aus ganz vielen kleinen Glücksmo-
menten. Und diese kann man überall entdecken.

Bruder Ansgar Stüfe nimmt seine Leserinnen und Leser in diesem
wunderbaren Buch mit zu den Wurzeln der benediktinischen Spiritualität. Mit spannenden biografischen Erzählungen und einer
herzerwärmenden Geschichte zeigen er und der kleine Mönch,
was Glück wirklich ist und wie man es finden kann.

**Bibliografische Information
der Deutschen Nationalbibliothek**

Die Deutsche Nationalbibliothek verzeichnet diese
Publikation in der Deutschen Nationalbibliografie.
Detaillierte bibliografische Daten sind im Internet über
http://dnb.d-nb.de abrufbar.

in Deutschland
produziert

1. Auflage 2021
© Vier-Türme GmbH, Verlag, Münsterschwarzach 2021
Alle Rechte vorbehalten

Lektorat: Marlene Fritsch
Illustrationen: Elli Bruder
Gestaltung: Matthias E. Gahr
Druck und Bindung: Pustet, Regensburg
ISBN 978-3-7365-400-4

www.vier-tuerme-verlag.de